Facebook
und Recht

Jan Christian Seevogel

Beijing · Cambridge · Farnham · Köln · Sebastopol · Tokyo

Kommentare und Fragen können Sie gerne an uns richten:
O'Reilly Verlag
Balthasarstr. 81
50670 Köln
E-Mail: kommentar@oreilly.de

Copyright:
© 2014 by O'Reilly Verlag GmbH & Co. KG
1. Auflage 2014

Bibliografische Information der Deutschen Nationalbibliothek
Die Deutsche Nationalbibliothek verzeichnet diese Publikation in der Deutschen Nationalbibliografie; detaillierte bibliografische Daten sind im Internet über *http://dnb.de* abrufbar.

Lektorat: Susanne Gerbert, Köln
Korrektorat: Katharina Heider, Köln
Satz: Ulrich Borstelmann, Dortmund
Umschlaggestaltung: Michael Oreal, Köln
Produktion: Andrea Miß und Karin Driesen, Köln
Belichtung, Druck und buchbinderische Verarbeitung: Media-Print, Paderborn

ISBN 978-3-95561-490-4

Dieses Buch ist auf 100% chlorfrei gebleichtem Papier gedruckt.

Inhaltsverzeichnis

Über den Autor

Dr. Jan Christian Seevogel arbeitet in der Kanzlei Lausen Rechtsanwälte in München, die von der Redaktion »JUVE Handbuch Wirtschaftskanzleien« als Kanzlei des Jahres für Medien und Technologie 2014 nominiert wurde. Er begleitet Social-Media-Strategien großer Konzerne und mittelständischer Unternehmen aus allen Branchen und unterstützt diese bei der rechtlichen Absicherung unternehmensinterner Kommunikations-Plattformen. Er hält deutschlandweit zahlreiche – auch unternehmensinterne – Workshops und Seminare zum Social-Media-Recht.

Darüber hinaus berät er Unternehmen strategisch und rechtlich bei der Entwicklung und dem Ausbau neuer Geschäftsmodelle und bei Unternehmenskäufen rund um neue Technologien und neue Medien. Im IT-Recht unterstützt er vor allem Games-Entwickler und Publisher bei Fragen rund um Mobile- und Online-Games sowie Software as a Service-Anbieter. Daneben berät er Unternehmen im Zusammenhang mit der Löschung unzulässiger Einträge und Bewertungen auf Bewertungsportalen im Internet und hat dazu die Internet-Plattform *www.falsch-bewertet.de* aufgebaut.

Danksagung

Mein ganz besonderer Dank gilt den Lesern meines Blogs *www.seevogel.de*, meinen Kontakten, Fans, Followern und Freunden in den sozialen Netzwerken sowie den Besuchern meiner Seminare und Workshops. Erst der rege Austausch mit Euch und Ihnen ermöglicht es mir, in dem sich ständig wandelnden Themengebiet »Social Media« stets auf dem neuesten Stand zu sein und die wirklichen Bedürfnisse der Praxis zu erkennen. Außerdem danke ich meiner Lektorin Susanne Gerbert, die mich vor allem dabei unterstützt hat, knifflige Rechtsfragen nicht im Stil eines für Nichtjuristen nur bedingt nachvollziehbaren rechtswissenschaftlichen Fachaufsatzes zu erklären. Lorenz Haidinger danke ich für die Foto-Beiträge und besonders für die Unterstützung bei der formalen Umsetzung des Buches. Schließlich bin ich meinen hochgeschätzten Kollegen in der Kanzlei Lausen Rechtsanwälte sehr dankbar für den jederzeit möglichen Austausch, der auch zu diesem Buch immer wieder stattgefunden hat.

Vorwort

Über 26 Millionen Deutsche sind auf Facebook aktiv. Sie veröffentlichen dort selbst die verschiedensten Inhalte oder sagen Beiträge weiter, die sie bei anderen entdeckt haben. Leider machen sich dabei wenige Gedanken darüber, ob sie jeweils überhaupt berechtigt sind, diese Inhalte zu verbreiten. Denn es ist ja alles »nur im Internet« und das wird gern als rechtsfreier Raum gesehen. Wenn dann aber das Facebook-Profil gesperrt, die Facebook-Seite gelöscht oder, noch schlimmer, Abmahnungen versendet oder Anzeigen erstattet werden, ist der Schock groß. Die Schuld wird dann gern dem »bösen Facebook« zugeschrieben. Es handelt sich in solchen Fällen aber nicht unbedingt immer um Verstöße gegen Facebook-Richtlinen, sondern auch oft um Verstöße gegen deutsches Recht!

Darf ich Bilder, auf denen andere zu sehen sind, einfach auf Facebook posten? Darf ich fremde Videos unbekümmert teilen? Was passiert, wenn jemand mein Profil kopiert und so tut, als wäre er ich? Was mache ich, wenn ich keinen Zugriff mehr auf mein Facebook-Konto habe? Wem gehört die Facebook-Seite, die ich für das Unternehmen, bei dem ich angestellt bin, erstellt habe? Was tun, wenn es eine Seite für mein Unternehmen gibt, die nicht im Auftrag des Unternehmens eingerichtet wurde? Darf ein Unternehmen eine Facebook-Seite ohne Impressum führen? Brauche ich auch ein Impressum für ein persönliches Profil? Was, wenn mein Kind auf Facebook gemobbt wird oder ich auf Facebook beleidigt werde?

Die Möglichkeiten für Rechtsverstöße sind vielfältig. Welche davon nun mit Facebook-Richtlinien und welche mit welchem Gebiet des deutschen Rechts zu tun haben, ist für Laien nicht unbedingt leicht zu durchschauen. Doch selbst wer »nur« privat auf Facebook aktiv ist, sollte sich der Regeln dafür bewusst sein. Wer Facebook geschäftlich nutzt, umso mehr.

»Das merkt ja keiner« oder »XY macht das auch so und da ist auch nichts passiert« sind dabei keine vernünftigen Gründe, sich selbst auch nicht um Einhaltung von Recht und Richtlinien zu kümmern. Selbst wenn etwas bislang unentdeckt blieb, heißt das nicht, dass morgen nicht doch der Facebook-Algorithmus darüber stolpert oder jemand, der einem Böses will, die Sache meldet oder gleich einen Anwalt beauftragt. »Dann mache ich halt ein neues Konto auf«, ist nicht so einfach, wie es klingt. Facebook ist kein privater und schon gar kein rechtsfreier, sondern ein öffentlicher Raum.

Und dafür gibt es Regeln – wie offline auch. Wer diese Regeln nicht einhält, wird früher oder später bestraft.

Um also eigene Rechtsverstöße zu verhindern und für den Fall, dass man Rechtsverstöße von anderen entdeckt, ist es hilfreich, ein Nachschlagewerk zu haben, das Fragen dazu beantworten kann. Und das nicht nur allgemein auf das Web, sondern spezifisch auf Facebook bezogen. Rechtsanwalt Dr. Jan Christian Seevogel liefert mit diesem Buch dieses notwendige Nachschlagewerk, dem ich viel Erfolg und viele Leser wünsche!

Annette Schwindt, schwindt-pr.com
Herausgeberin von »In Sachen Kommunikation«,
einem der führenden deutschsprachigen Social-Media-Blogs und
Autorin des Bestsellers »Das Facebook-Buch«

Kapitel 1 | Einführung in das »Facebook-Recht«

Dieses Buch enthält **keinen rechtswissenschaftlichen Text**, sondern es soll Nichtjuristen einen Überblick über das geben, was rechtlich beim Umgang mit Facebook wichtig ist. Nach der Lektüre werden Sie sicher vor manchem Klick ein wenig länger nachdenken und sich anschließend ganz bewusst entscheiden, diesen Klick entweder trotz gewisser Restrisiken durchzuführen oder ihn sich lieber zu sparen. Ziel dieses Buchs ist nicht mehr und nicht weniger, als Sie dabei zu unterstützen, Ihr Gespür für rechtlich kritische Situationen zu schärfen. Dabei ist »Facebook« teilweise lediglich ein Platzhalter für sämtliche Social-Media-Kanäle. Vieles, das in diesem Buch beschrieben wird, gilt – oft in leicht abgewandelter Form – auch für andere-Social-Media-Kanäle. Manches ist aber auch so speziell, dass es eben nur für Facebook gilt.

Als tolle Ergänzung zu diesem Buch empfehle ich das Werk »Social Media Marketing & Recht« des geschätzten Kollegen Thomas Schwenke, das ebenfalls im O'Reilly Verlag erhältlich ist. All denjenigen, die nicht nur die Vielzahl der Rechtsfragen im Zusammenhang mit Facebook kennen lernen, sondern auch die Möglichkeiten des Netzwerks mit all seinen Features wirklich ausschöpfen möchten, empfehle ich wärmstens das »Facebook-Buch« von Annette Schwindt, das wertvolle Anleitungen und eine Fundgrube an Tipps und Tricks enthält.

Praxis-Tipp

Die Geschwindigkeit, mit der sich Technologien, Seiten-Einstellungen, Design etc. bei Facebook ändern, ist enorm hoch. All diese äußeren Änderungen können auch rechtliche Änderungen zur Folge haben und/oder ganz neue rechtliche Fragen aufwerfen. Wenn Sie stets auf dem Laufenden bleiben möchten, verfolgen Sie meine folgenden Kanäle und treten Sie gern mit mir in Kontakt: Blog: **www.seevogel.de**, Facebook: **www.facebook.com/marketingrecht**, Twitter: **www.twitter.com/InTheLaw**, Google+: **plus.google.com/+SeevogelDe**, Xing: **www.xing.com/profile/JanChristian_Seevogel**, LinkedIn: **www.linkedin.com/in/seevogel**.

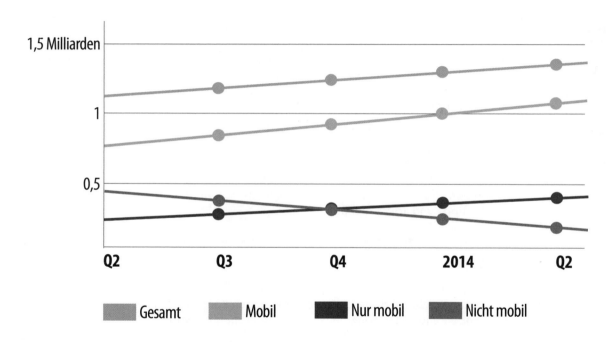

Facebook-Nutzer weltweit in Milliarden, Quelle: Facebook

Über Facebook

Facebook wurde 2004 in den USA gegründet. Der Internet-Auftritt des sozialen Netzwerks gehört mittlerweile zu den fünf am häufigsten besuchten Internetseiten der Welt. Ursprünglich wurde Facebook nur für Studenten der Harvard Universität angeboten, erst später wurde es auch für andere Universitäten in den USA und 2006 für ausländische Universitäten freigegeben. Im September 2006 erfolgte schließlich eine Öffnung für die Allgemeinheit. Seit 2008 wird die Website auch in deutscher Sprache angeboten.

Facebook ermöglicht nicht nur die Erstellung persönlicher Profile, sondern auch die Präsentation von Unternehmen auf Unternehmensseiten. Dieses Instrument der Unternehmenskommunikation hat eine große Bedeutung gewonnen, da über »Facebook Pages« (auch »Facebook-Seiten« oder schlicht »Seiten« genannt) Interessenten und somit potenzielle Kunden direkt erreicht werden.

Facebook zählt über 1,32 Mrd. monatliche Nutzer weltweit (Stand Juli 2014, (Quelle: http://www.tagesschau.de/wirtschaft/facebook-108.html). Diese Nutzer teilen jeden Tag ca. 4,75 Milliarden (!) Inhalte (Quelle: *http://www.futurebiz.de/artikel/facebook-statistiken-475-mrd-inhalte-werden-taeglich-auf-facebook-geteilt/*, Stand September 2013).

Oft werden Fotos, Videos, Texte, etc. in das soziale Netzwerk eingestellt und geteilt, ohne dass die Nutzer die Rechte an den Inhalten vor deren Verbreitung klären. Werbe- und Marketingaktionen werden häufig ohne jedes Gespür für rechtlich kritische Situationen ausgeführt. Daten werden eingesammelt, ohne nachzufragen, andere Nutzer und Unternehmen mit beleidigenden Worten oder Fotomontagen öffentlich bloßgestellt, es wird öffentlich zu Straftaten aufgerufen, Mitschüler werden schikaniert, Facebook-Konten und Unternehmensseiten werden von Facebook gelöscht oder gesperrt, fremde Markennamen werden benutzt, Impressumstexte werden vergessen oder unvollständig erstellt ... All dies beinhaltet eine Vielzahl von Rechtsfragen und -verletzungen. Aber welche rechtlichen Texte und Vorschriften gelten überhaupt für Sie als Facebook-Nutzer und was kann grundsätzlich bei Verstößen passieren?

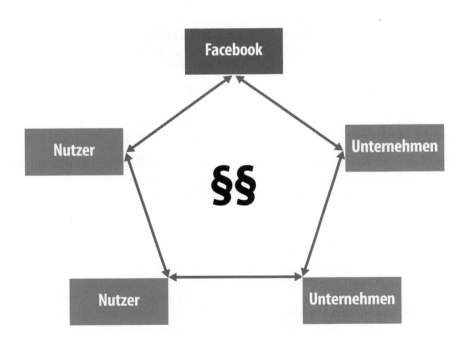

Facebook und Recht und warum es uns alle angeht

Über Facebook ist die gesamte Welt über Grenzen und Ozeane hinweg miteinander vernetzt. Jede virtuelle Verbindung eines Menschen mit einem anderen Menschen oder mit einem Unternehmen hat genauso wie jede virtuelle Verbindung eines Unternehmens mit einem anderen Unternehmen **stets auch eine rechtliche Seite**. Zusätzlich gehen sowohl der einzelne Nutzer als auch jedes Unternehmen eine Verbindung mit Facebook als Internet-Plattform ein, sobald sie dem Netzwerk beitreten.

Die Anbahnung und Durchführung von Geschäftsbeziehungen bzw. Vertragsabschlüssen (allgemeines Zivil- bzw. Vertragsrecht), das Sammeln von Daten bzw. die Herausgabe von Daten an andere Unternehmen oder staatliche Einrichtungen (Datenschutzrecht), Beleidigungen, schlechte, unwahre oder in die Privat- und Intimsphäre anderer eingreifende Aussagen und Bewertungen (Straf- und Persönlichkeitsrecht), die ungenehmigte Nutzung von Grafiken, Fotos und sonstigen Inhalten (Urheberrecht) und die Durchführung von Gewinnspielen und sonstigen Marketingaktionen (Marketingrecht) sind nur einige wenige Beispiele für die tagtäglich entstehenden Millionen von Rechtsfragen, die sich im Zusammenhang mit den Interaktionen der Facebook-Nutzer auf der ganzen Welt stellen. Das Nutzen von Facebook ist selbst bei größter Sorgfalt dauerhaft und umfassend kaum möglich, ohne sich zumindest in rechtliche Graubereiche zu begeben.

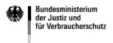
**Bundesministerium
der Justiz und
für Verbraucherschutz**

Startseite
Gesetze / Verordnungen
Aktualitätendienst
Titelsuche
Volltextsuche
Translations
Hinweise
Impressum

Tastenkombinationen

Verwaltungsvorschriften im Internet

Telemediengesetz

zur Gesamtausgabe der Norm im Format: HTML PDF XML EPUB

Abschnitt 1
  Allgemeine Bestimmungen
    § 1 Anwendungsbereich
    § 2 Begriffsbestimmungen
    § 2a Europäisches Sitzland
    § 3 Herkunftslandprinzip
Abschnitt 2
  Zulassungsfreiheit und Informationspflichten
    § 4 Zulassungsfreiheit
    § 5 Allgemeine Informationspflichten
    § 6 Besondere Informationspflichten bei kommerziellen Kommunikationen
Abschnitt 3
  Verantwortlichkeit
    § 7 Allgemeine Grundsätze
    § 8 Durchleitung von Informationen
    § 9 Zwischenspeicherung zur beschleunigten Übermittlung von Informationen
    § 10 Speicherung von Informationen
Abschnitt 4

*Für deutsche Facebooknutzer sind verschiedene Gesetze relevant, darunter besonders das Telemedien-
gesetz. Denn »Telemedien« sind alle Angebote im Internet, wie Suchmaschinen, Online-Shops oder
eben Facebook-Seiten. Quelle Screenshot: Bundesministerium der Justiz und für Verbraucherschutz*

Das deutsche Recht

Egal, ob Sie bei Facebook angemeldet sind oder nicht und egal, ob Sie sich innerhalb oder außerhalb der Plattform Facebook bewegen, das deutsche Recht müssen Sie natürlich immer beachten.

Im Zusammenhang mit der Facebook-Nutzung sind aus dem deutschen Recht insbesondere die folgenden Gesetze von Bedeutung:

1. Bürgerliches Gesetzbuch (BGB)
2. Urhebergesetz (UrhG)
3. Kunsturhebergesetz (KUG)
4. Markengesetz (MarkenG)
5. Bundesdatenschutzgesetz (BDSG)
6. Telemediengesetz (TMG)
7. Strafgesetzbuch (StGB)
8. Gesetz gegen den unlauteren Wettbewerb (UWG)

Facebook-Nutzungsbedingungen und Richtlinien

Alles was du wissen musst an einem Platz.

Impressum/Erklärung der Rechte und Pflichten

Nutzungsbedingungen, die du durch die Verwendung von Facebook akzeptierst.

Datenverwendungsrichtlinien

Daten, die wir erhalten, und ihre Verwendung.

Gemeinschaftsstandards

Nicht erlaubte Inhalte und Melden von Missbrauch.

Für andere Aktivitäten:

Werbeanzeigen und gesponserte Meldungen

Nutzungsbedingungen für Gutschriften

Seiten

Plattform

Zahlungsbedingungen

Werbeaktionen

Markenressourcen

Gefällt mir   Teilen   289.920

Facebook-Nutzungsbedingungen und -Richtlinien

Eine rechtliche Besonderheit liegt bei der Facebook-Nutzung darin, dass Sie neben den Vorschriften des deutschen Rechts – also des deutschen Gesetzgebers – mit einer Vielzahl von Nutzungsbedingungen und Richtlinien von Facebook selbst konfrontiert werden, die Sie zusätzlich beachten müssen. Diese Nutzungsbedingungen und Richtlinien bestehen aus einer Vielzahl unterschiedlicher Vorschriften zu verschiedenen Themenkomplexen, zum Beispiel:

1. Erklärung der Rechte und Pflichten

2. Datenverwendungsrichtlinien

3. Richtlinien für Promotions

4. Werberichtlinien

5. Richtlinien zur Facebook-Plattform

6. Zahlungsbedingungen

7. Nutzungsbedingungen für Seiten

8. Facebook-Markenressourcen

9. Gemeinschaftsstandards

10. Nutzungsbedingungen für Gutschriften

Die verschiedenen Nutzungsbedingungen und Richtlinien von Facebook sind selbst für einen Juristen nicht so leicht zu durchdringen. Allein der Textumfang ist gewaltig. Druckt man alles aus, kommt ein schöner Stapel Papier zusammen. Viele der Regelungen beziehen sich irgendwie und irgendwo aufeinander und sind an unterschiedlichen Stellen miteinander verlinkt. Da kann man leicht den Überblick verlieren, welche Regelung im konkreten Fall anwendbar ist und/oder welcher Text vorrangig gilt, wenn einmal unterschiedliche Aussagen in den Regelungen enthalten sind. Außerdem kommen mit neuen Funktionen häufig neue Regelungen zum rechtlichen Umgang mit eben diesen Funktionen hinzu.

Sie möchten bei einer Aktion Ihres Unternehmens Daten von Facebook-Nutzern einsammeln?

➔ Lesen Sie zunächst die **Datenverwendungsrichtlinien**

Sie möchten für Ihr Unternehmen ein Facebook-Gewinnspiel durchführen?

➔ Lesen Sie zuerst die **Richtlinien für Promotions**

Sie möchten eine neue Unternehmensseite auf Facebook einrichten?

➔ Lesen Sie erst die **Nutzungsbedingungen für Seiten**

Sie möchten auf der Internetseite Ihres Unternehmens oder in einem Print-Produkt Ihres Unternehmens die Wort-/Bildmarke »Facebook«, also den Facebook-Namen und das Logo verwenden?

➔ Lesen Sie zunächst die Regelungen zu den **Facebook-Markenressourcen**

Selbstverständlich dürfen Sie nicht vergessen, zusätzlich zu den genannten Facebook-Regelungen die jeweils geltenden deutschen Gesetze zu beachten! Dazu finden Sie weitere Hinweise in diesem Buch, in den Abschnitten zum Datenschutz (S. 177 ff.), zu Gewinnspielen (S. 147 ff.), zur Einrichtung von Unternehmensseiten (S. 139 ff.) und zu Facebook Brand Permissions und Markenrecht (S. 171 ff.).

Spezielle Regelungen für spezielle Aktionen

Facebook stellt für fast alle Aktionen, die Sie in dem sozialen Netzwerk durchführen können, bestimmte Sonderregelungen bereit.

Greifen Sie – vor allem im geschäftlichen Bereich – vor der Durchführung größerer Aktionen immer wieder auf die für die jeweilige Aktion geltenden Facebook-Regelungen zurück und lesen Sie diese gründlich durch. Meist gibt es für jede Aktion (z.B. Durchführung eines Gewinnspiels, Speichern von Nutzerdaten, Produktion eines Werbetrailers über die Facebook-Seite Ihres Unternehmens unter Verwendung des Facebook-Logos, Gestaltung und Einrichtung einer neuen Facebook-Seite etc.) eine passende Regelung oder einen ganzen anwendbaren Regelungskomplex.

Da sich sowohl die Nutzungsbedingungen und Richtlinien als auch die einzelnen Facebook-Funktionen, auf die sich diese Regelungen beziehen, häufig ändern, schauen Sie regelmäßig nach und kontrollieren Sie vor jeder neuen Aktion, ob wirklich noch alles so gilt und funktioniert wie beim letzten Mal.

Praxis-Tipp

Wenn Sie lediglich privat mit Facebook zu tun und nur einen ganz groben Überblick über die Vereinbarungen haben möchten, die zwischen Ihnen und dem sozialen Netzwerk gelten, **lesen** Sie sich zumindest einmal **alle Überschriften der Regelungen** durch und lesen Sie an den Stellen auch nach der Überschrift weiter, die aus Ihrer Sicht für Sie interessant oder wichtig sind. Sollten Sie beruflich mit Facebook zu tun haben, sollten Sie zumindest die für Ihren Tätigkeitsbereich wichtigen Nutzungsbedingungen mindestens einmal gründlich durchgelesen haben! Welche das sind, können Sie meist ebenfalls an den Überschriften erkennen.

STARTSEITE   BLOG   ABOUT ME   LEISTUNGEN   VORTRÄGE   PRESSE

BLOG

By seevogel | Published Februar 11, 2014

Bewertungsplattformen im Internet – Welche Rechte haben Unternehmen, wenn der gute Ruf auf dem Spiel steht?

Die Ausgangssituation: Immer mehr Bewertungsplattformen und zunehmender Missbrauch Die Anzahl der Bewertungsplattformen für Unternehmen und Unternehmer im Internet wächst rasant. Jameda für Ärzte, kununu für Arbeitgeber, restaurant-kritik.de für Restaurants, Gaststätten und Kneipen, Ciao für Produkte und Dienstleistungen, Amazon für Bücher und E-Books, Holidaycheck für die Hotelindustrie, früher Qype und jetzt Yelp für Restaurants, Shopping und Nachtleben, um nur einige zu nennen, bieten den interessierten Internet-Nutzern Erfahrungsberichte, [...]

Rechtsanwalt Dr. Jan Christian
Seevogel
LAUSEN
RECHTSANWÄLTE

Residenzstraße 25
80333 München
089 242096-0
seevogel@lausen.com

By seevogel | Published August 28, 2013

Facebook lockert die Gewinnspielbedingungen – Rechtlich gibt es trotzdem noch einiges zu beachten

Hintergrund Bisher war für Unternehmen, die Gewinnspiele auf Facebook durchführen wollten, ein größerer zusätzlicher Aufwand erforderlich, weil nach den Facebook-Nutzungsbedingungen solche Gewinnspiele nur auf externen Apps zulässig waren und daher jeweils extra entwickelt werden mussten. Facebook hat nun Ziff. E der Nutzungsbedingungen dahingehend geändert, dass Gewinnspiele grundsätzlich auch auf Unternehmens-Seiten durchgeführt werden dürfen.   [...]

| Suche |

Termine
No events to show

Like Me!

By seevogel | Published August 2, 2013

Facebook "Embedded Posts" (Einbetten von Inhalten) – was es rechtlich zu beachten gibt

Im Zusammenspiel von deutschem Recht und den Facebook-Richtlinien entstehen verschiedenste rechtliche Fragen. Spezialisierte Blogs wie das des Autors (www.seevogel.de) halten ihre Leser über neue Entwicklungen auf dem Laufenden.

»Facebook-Recht«

Nimmt man nun alle Regelungen und Vorschriften des deutschen Rechts, die bei der Facebook-Nutzung eine Rolle spielen, und sämtliche Nutzungsbedingungen und Richtlinien von Facebook zusammen, entsteht ein neuer Rechtsrahmen, den man »Facebook-Recht« nennen könnte.

Wie man sich vorstellen kann, ist schon das deutsche Recht für sich genommen nicht immer einfach zu verstehen. Indem es sich bei der Facebook-Nutzung mit den Facebook-Bedingungen vermischt, wird natürlich alles **noch komplizierter**. Zudem kann es passieren, dass das deutsche Recht den Facebook-Bedingungen widerspricht und dadurch eine Unsicherheit entsteht, was denn jetzt gilt und was nicht. Richtig schwierig wird es, wenn ein Sachverhalt internationale Berührungspunkte hat, deshalb zusätzlich ausländische Rechtsordnungen zu beachten sind und unklar ist, bei welchen Gerichten und in welchem Land etwaige Rechtsstreitigkeiten überhaupt zu führen wären. Diese Schwierigkeiten sollten Sie aber nicht davon abhalten, sich mit dem »Facebook-Recht« zu beschäftigen. Dieses Buch wird Ihnen dabei helfen, sich zurecht zu finden.

ZEIT ONLINE | INTERNET

START POLITIK WIRTSCHAFT MEINUNG GESELLSCHAFT KULTUR WISSEN DIGITAL STUDIUM KAR

Start › Digital › Internet › Facebook: 3.000 Euro Strafe für verstecktes Impressum

FACEBOOK

3.000 Euro Strafe für verstecktes Impressum

Quelle: Zeit Online vom 19. Juli 2013. Meldungen wie diese gibt es leider häufig. Wer die relevanten Gesetze nicht kennt, handelt sich schnell eine Abmahnung ein.

Was kann passieren, wenn Sie auf Facebook gegen das deutsche Recht verstoßen?

Bei den Folgen von Rechtsverstößen gilt es zwischen Verstößen gegen Gesetze (also das deutsche Recht) einerseits und Verstößen gegen die Facebook-Nutzungsbedingungen und Richtlinien andererseits zu unterscheiden:

Im Falle eines Verstoßes gegen deutsche Gesetze droht Ihnen:

- eine **Abmahnung**,
- eine **einstweilige Verfügung** oder
- eine **Klage**!

Aufgrund der großen Masse der täglichen Aktionen in sozialen Netzwerken bleiben viele Rechtsverletzungen (noch) unentdeckt. Die Zahl der Abmahnungen und Gerichtsverfahren (z.B. geführt von Rechteinhabern wegen Urheberrechtsverletzungen oder von Konkurrenzunternehmen wegen Wettbewerbsverstößen) steigt jedoch stetig an.

Verstoßen Sie dagegen gegen die Facebook-Nutzungsbedingungen und Richtlinien, kann dies zur **Sperrung Ihres Accounts** führen.

Immer wieder kommt es zur Abschaltung ganzer Facebook-Seiten, die durch teilweise jahrelange Arbeit aufgebaut wurden und hunderttausende, manchmal Millionen Fans haben. Das kann natürlich – auch wirtschaftlich – viel schlimmer sein als z.B. eine Abmahnung zu erhalten. Bei geschäftlicher Tätigkeit steht schließlich der gesamte Ruf Ihres Unternehmens am Markt auf dem Spiel. Auch die Sperrung eines privaten Facebook-Kontos kann unangenehm sein. Stellen Sie sich vor, Sie müssten all Ihre Facebook-Freunde noch einmal neu finden und »adden«.

Tipp: Auch wenn teilweise zumindest zweifelhaft ist, ob einzelne Facebook-Nutzungsbedingungen nach deutschem Recht wirksam sind, halten Sie sich besser daran. Denn was nützt es Ihnen, Recht zu haben, wenn Ihre FB-Seite auf einmal gesperrt ist?

Bevor Sie ein Profil bzw. eine Seite bei Facebook anlegen können, müssen Sie die von Facebook abgefragten Informationen eingeben.

Kapitel 2 | Einrichten eines Facebook-Profils bzw. einer Facebook-Seite

Um Facebook aktiv nutzen zu können, benötigen Sie ein eigenes privates Facebook-Profil und/oder eine Facebook-Seite, die Ihr Unternehmen, Ihre Organisation oder Sie als Person des öffentlichen Lebens repräsentiert. Ihr Profil oder Ihre Seite müssen Sie erst einmal einrichten. Aus rechtlicher Sicht sollten Sie beim Einrichten von Facebook-Profil bzw. Facebook-Seite vor allem drei Punkte beachten:

Punkt 1: Bevor Sie überhaupt loslegen können, müssen Sie die **Facebook-Nutzungsbedingungen** akzeptieren. Die sind sehr umfangreich und enthalten Regelungen zu fast allen denkbaren Aktionen, die Sie auf Facebook durchführen können. Ganz allgemein und egal, was Sie konkret auf Facebook vorhaben, sind vor allem die folgenden Regelungen wichtig:

- Vereinbarung über den Gerichtsstand
- Vereinbarung über das anwendbare Recht
- Regelung zu Rechten an von Ihnen eingestellten Inhalten (sogenannte »IP-Klausel«)
- Regelungen über die Rückforderung und Entfernung Ihres Facebook-Kontos

Teilweise sind die Nutzungsbedingungen in englischer Sprache verfasst. Außerdem gibt es Sonderregelungen für deutsche Nutzer, die nur schwer zu finden sind.

Punkt 2: Wenn Sie Ihren **Konto- bzw. Seitennamen** wählen, müssen Sie bestimmte gesetzliche Grundlagen – vor allem das Markenrecht – und Vorgaben aus den Facebook-Nutzungsbedingungen beachten.

Punkt 3: Wenn Sie eine Facebook-Seite für ein Unternehmen einrichten, benötigt Ihr Facebook-Auftritt immer ein **Impressum**.

Auf diese drei Punkte werde ich im Folgenden detailliert eingehen (vgl. Seite 29 ff., Seite 63 ff. und Seite 67 ff.).

Durch einen Klick auf »Registrieren« schließen Sie einen Vertrag mit Facebook. Daher lohnt es sich, die dazugehörigen Bedingungen vorher zu lesen.

Die Nutzungsbedingungen

Ob Sie online einkaufen, einen Cloud-Dienst für das Speichern Ihrer digitalen Inhalte nutzen, Ihre Lieblingsmusik über ein Musik-Streaming-Netzwerk hören oder sich bei Facebook registrieren: Im Internet stoßen Sie immer wieder auf Nutzungsbedingungen. Doch lesen Sie diese wirklich jedes Mal, bevor Sie sie bestätigen? Auch wirklich komplett? Oder überwiegt der Drang, endlich den jeweiligen Dienst nutzen zu können, der zum schnellen »Bestätigungs-Klick« verleitet?

Wohl die wenigsten von uns machen sich die Mühe, wirklich alle Nutzungs- und Sonderbedingungen durchzugehen, vor allem wenn diese – wie bei Facebook – durch mehrere Unterverlinkungen miteinander verbunden und teilweise unübersichtlich aufgebaut sind und wenn sie stellenweise nur schwer verständliche Formulierungen enthalten. Dies führt dazu, dass die Nutzungsbedingungen nur überflogen oder gar nicht gelesen werden.

Trotzdem ist es wichtig, die Nutzungsbedingungen genau durchzulesen, da man sich durch die Bestätigung mit ihnen einverstanden erklärt. Um die von den Netzwerkbetreibern aufgestellten Regeln auch einhalten zu können, müssen Sie ja wissen, wie diese lauten.

Praxis-Tipp

Über die Nutzungsbedingungen schließen Sie einen (Nutzungs-)Vertrag mit Facebook. Der Klick auf den »Registrieren«-Button ist wie Ihre **virtuelle Unterschrift** unter diesen Vertrag. Daher sollten Sie zumindest die für Sie wichtigen Passagen daraus lesen, bevor Sie »unterzeichnen«!

Foto: Tobias Müller (Twam), www.twam.info [Public domain], via Wikimedia Commons

Vereinbarung über das anwendbare Recht

Die Facebook-Nutzungsbedingungen enthalten eine Regelung darüber, welches Recht anwendbar sein soll, wenn Sie sich als Nutzer mit Facebook streiten. Eine solche Vereinbarung über das anwendbare Recht nennt man auch Rechtswahlklausel.

Hierzu heißt es unter Ziff.16.1 (»Streitfälle«) der Facebook-Nutzungsbedingungen wörtlich:

> »Diese Erklärung sowie alle Ansprüche, die möglicherweise zwischen dir und uns entstehen, unterliegen den Gesetzen des Bundesstaates Kalifornien ...«

Aufgrund dieser Klausel würden im Falle eines Rechtsstreits mit Facebook eigentlich ausschließlich die Gesetze des US-Bundesstaates Kalifornien Anwendung finden. Das würde es für Sie als Nutzer schwer machen, die Rechtslage zu überschauen und etwaige Risiken vorherzusehen. Es kann aufwendig und teuer werden, einen Rechtsstreit im ausländischen Recht zu führen. In vielen Fällen würde es wahrscheinlich sogar so teuer, dass Sie lieber gar keinen Rechtsstreit führen, vor allem wenn Sie Facebook nicht als Unternehmen, sondern als Privatperson nutzen.

Weil das in vielen Fällen zu ungerechten Ergebnissen führen kann, haben deutsche Gerichte in der Vergangenheit entschieden, dass sich das ausländische Recht in solchen Fällen trotz einer Rechtswahlklausel – vor allem gegenüber Verbrauchern – nicht immer durchsetzt! In diesen Fällen findet oft das für den Verbraucher günstigere deutsche Recht Anwendung. Daher stellt mittlerweile auch Facebook selbst in den Zusatzbedingungen für Nutzer mit Wohnsitz in Deutschland klar, dass die allgemeine Ziffer 16.1 für diese Nutzer nicht gilt. Stattdessen wird diese ersetzt durch: »Diese Erklärung unterliegt deutschem Recht.« Somit vollzieht Facebook bezüglich der Rechtswahlklausel eine Rolle rückwärts. Aber Achtung: Diese Modifikation der Klausel gilt nur für Nutzer mit Wohnsitz in Deutschland.

Abbildung: Landgericht München I (Foto: Lorenz Haidinger). Vor einem deutschen Gericht kann Facebook nur verklagt werden, wenn sich nicht aus einer wirksamen Gerichtsstandvereinbarung ergibt, dass in den USA geklagt werden muss.

Vereinbarungen über den Gerichtsstand

Die Facebook-Nutzungsbedingungen enthalten aber nicht nur eine Regelung über das Recht, das anzuwenden ist, wenn Sie sich mit Facebook streiten, sondern auch eine davon abzugrenzende, eigenständige Regelung dazu, wo – also bei welchem Gericht – Sie etwaige Ansprüche gegen Facebook geltend machen sollen. Eine solche Regelung nennt man auch Gerichtsstandvereinbarung.

Eine Gerichtsstandvereinbarung ist ein Vertrag zwischen den Parteien eines Rechtsstreits, durch den die örtliche gerichtliche Zuständigkeit eines erstinstanzlichen Gerichts bestimmt wird. Bestimmt wird also das Gericht, bei dem eine Klage einzureichen ist, mit der das Gerichtsverfahren beginnt.

Dazu heißt es ebenfalls unter Ziff. 16.1 (»Streitfälle«) der Facebook-Nutzungsbedingungen:

> *Du wirst jedweden Anspruch, Klagegegenstand oder Streitfall (Anspruch), den du uns gegenüber hast und der sich aus dieser Erklärung oder in Verbindung mit dieser bzw. mit Facebook ergibt, ausschließlich vor dem für den nördlichen Bezirk von Kalifornien zuständigen US-Bezirksgericht oder vor einem Staatsgericht in San Mateo County klären bzw. klären lassen, und du stimmst zu, dass du dich bei einem Prozess über alle derartigen Ansprüche der personenbezogenen Gerichtsbarkeit dieser Gerichte unterwirfst.*

Mit anderen Worten: Mit der Registrierung vereinbaren Sie mit Facebook, dass Sie einen möglichen Rechtsstreit mit dem sozialen Netzwerk vor dem US-Bezirksgericht in Kalifornien bzw. einem Staatsgericht in San Mateo County klären lassen würden. Genau wie die Regelung zum anzuwendenden Recht beinhaltet auch diese Gerichtsstandvereinbarung ein hohes Risiko für Sie als Nutzer.

Das deutsche Recht hilft zumindest Privatpersonen in diesem Fall weiter. Es enthält in § 38 Abs. 1 ZPO eine Regelung darüber, wann und unter welchen Voraussetzungen eine Vereinbarung zweier Vertragsparteien über den Gerichtsstand zulässig ist.

| Facebook | Gerichtsstandvereinbarung **unwirksam** für → | **Private Nutzer** |
| Facebook | Gerichtsstandvereinbarung **wirksam** für → | **Unternehmen als Nutzer** |

Vereinbarungen über den Gerichtsstand (Forts.)

In § 38 Abs. 1 ZPO heißt es:

> *Ein an sich unzuständiges Gericht des ersten Rechtszuges wird durch ausdrückliche oder stillschweigende Vereinbarung der Parteien zuständig,* wenn die Vertragsparteien Kaufleute, juristische Personen des öffentlichen Rechts oder öffentlich-rechtliche Sondervermögen sind.

Das bedeutet, dass die von Facebook verwendete Gerichtsstandvereinbarung **gegenüber Verbrauchern** (Privatpersonen) nach deutschem Recht **unwirksam** ist. Wenn Sie also als Privatperson in einen Rechtsstreit mit Facebook geraten, müssen Sie diesen nicht vor einem Gericht in San Mateo klären lassen (obwohl das in den Nutzungsbedingungen anders steht), sondern können auch die deutschen Gerichte anrufen. Sind Sie allerdings als **Unternehmer** auf Facebook unterwegs, könnte die Vereinbarung über den Gerichtsstand **wirksam** sein. Wenn Ihr Unternehmen daher eine rechtliche Auseinandersetzung mit Facebook hat, könnte es passieren, dass diese in Kalifornien geklärt werden muss. In diesem Zusammenhang ist vieles ungeklärt, etwa auch die Frage, inwieweit Ihnen die Sonderbedingungen für deutsche Nutzer weiterhelfen (vgl. oben S. XY). Denn eigentlich beziehen sich diese Sonderbedingungen ja lediglich auf das anzuwendende Recht und nicht auf den Gerichtsstand. Andererseits soll danach Ziff. 16.1 (in der ja auch die Gerichtsstandvereinbarung enthalten ist), ersetzt werden. Bei einer vollständigen Ersetzung würde auch von der Gerichtsstandvereinbarung nichts mehr übrig bleiben. Da die Zusatzbedingungen aber für »Nutzer mit Wohnsitz in Deutschland« gelten sollen, ist wiederum fraglich, ob die Zusatzbedingungen überhaupt Unternehmen erfassen, da Unternehmen ja keine einzelnen Nutzer mit einem Wohnsitz (sondern eben Unternehmen mit einem Firmensitz) sind.

Praxis-Tipp

Ob, wo und inwiefern es sinnvoll ist, als Unternehmen bei rechtlichen Problemen im Zusammenhang mit Facebook gerichtlich und außergerichtlich tätig zu werden, hängt ganz von Ihrem individuellen Fall ab und sollte unbedingt mit einem spezialisierten Anwalt Ihres Vertrauens besprochen werden.

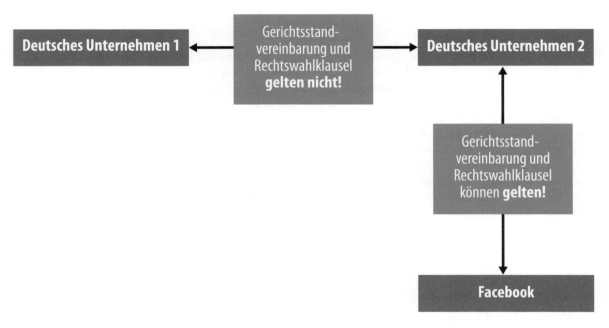

Deutsches Unternehmen 1 ← Gerichtsstandvereinbarung und Rechtswahlklausel **gelten nicht!** → **Deutsches Unternehmen 2**

Gerichtsstandvereinbarung und Rechtswahlklausel können **gelten!**

Facebook

Vereinbarungen, die Sie durch Anerkennung der Nutzungsbedingungen mit Facebook treffen, gelten natürlich nur zwischen Ihnen bzw. Ihrem Unternehmen und Facebook (und nicht zwischen Ihrem Unternehmen und einem anderen Unternehmen, mit dem ein Rechtsstreit wegen eines Vorgangs auf Facebook entsteht).

Vereinbarungen über den Gerichtsstand (Forts.)

Wichtig ist in diesem Zusammenhang, dass Sie zwischen Rechtsstreitigkeiten **mit Facebook selbst** und solchen Rechtsstreitigkeiten unterscheiden, die Ihr Unternehmen **mit anderen Unternehmen** führt.

Die Vereinbarungen über den Gerichtsstand (Gerichtsstandvereinbarung) und das anwendbare Recht (Rechtswahlklausel) gelten **nur** im Verhältnis zwischen **Ihnen** und **Facebook**. Sie gelten aber nicht, wenn Ihr Unternehmen sich mit einem anderen Unternehmen streitet, wegen eines Vorgangs, der auf Facebook stattgefunden hat. Streiten Sie sich also mit einem anderen Unternehmen, ist das **nicht** in Kalifornien zu klären, auch wenn der Streit etwas mit Facebook zu tun hat.

Nimmt man die Gesamtzahl der Fälle in der Praxis, dürfte es weitaus häufiger vorkommen, dass Unternehmen sich untereinander (aber nicht direkt mit Facebook) streiten. Gerade das Wettbewerbsrecht ist hier oft Anlass für Auseinandersetzungen (vgl. dazu Seite 139 ff., Seite 143 ff., Seite 147 ff. sowie Seite 155 ff.)

Für Privatpersonen gilt das natürlich ohnehin, hier führen ja schon meist die Vereinbarungen mit Facebook nicht zu einer Anwendung ausländischen Rechts bzw. des ausländischen Gerichtsstands (vgl. oben Seite 31).

Ihre Fotos

Ihre Videos → Übertragbare, unterlizenzierbare, weltweite Lizenz → Facebook

Ihre Texte

Die »IP-Klausel« – Was bedeutet sie?

Im zweiten Abschnitt der Facebook-Nutzungsbedingungen (»Teilen deiner Inhalte und Informationen«) findet sich die sogenannte »IP-Klausel«, die mittlerweile eine gewisse »Berühmtheit« erlangt hat, weil im Internet viel über sie geschrieben und diskutiert wurde. Diese lautet:

> *1. Für Inhalte wie Fotos und Videos, die unter die Rechte an geistigem Eigentum (sog. »IP-Inhalte«) fallen, erteilst du uns durch deine Privatsphäre- und App-Einstellungen die folgende Erlaubnis:* *Du gibst uns eine nicht-exklusive, übertragbare, unterlizenzierbare, gebührenfreie, weltweite Lizenz zur Nutzung jeglicher IP-Inhalte, die du auf oder im Zusammenhang mit Facebook postest (»IP-Lizenz«). Diese IP-Lizenz endet, wenn du deine IP-Inhalte oder dein Konto löschst, außer deine Inhalte wurden mit anderen Nutzern geteilt und diese haben die Inhalte nicht gelöscht.*

Lassen Sie sich das einmal durch den Kopf gehen: Jedes Ihrer Fotos darf also theoretisch von Facebook verwendet und noch dazu – nachdem es von Ihnen unentgeltlich zur Verfügung gestellt wurde – weiterverkauft werden! Vermutlich ist es nicht die Absicht Facebooks, so etwas tatsächlich zu tun und sicher würde sich das Netzwerk damit kaum beliebt bei den Nutzern machen. Aus rechtlicher Sicht wäre es aber von der – sehr weitgehenden – IP-Klausel abgedeckt.

Noch erschreckender ist, dass diese Lizenzierung nicht rückgängig gemacht werden kann. Jedenfalls dann nicht, wenn man ein Bild hochgeladen und auf seine Timeline gestellt, ergo mit anderen geteilt, hat. Und das wird schließlich mit den meisten Bildern gemacht. Wenn ein Bild also einmal in der Timeline aufgetaucht ist, wird die Kontrolle darüber für immer aus der Hand gegeben.

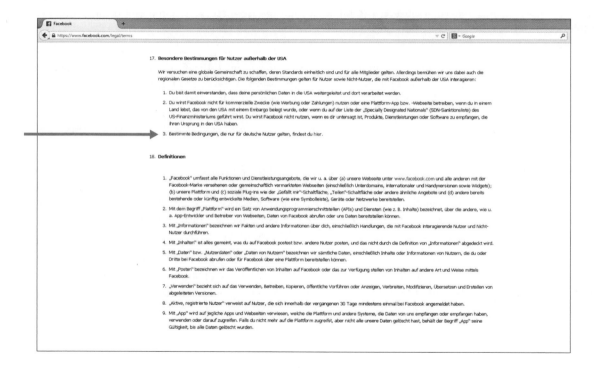

17. Besondere Bestimmungen für Nutzer außerhalb der USA

Wir versuchen eine globale Gemeinschaft zu schaffen, deren Standards einheitlich sind und für alle Mitglieder gelten. Allerdings bemühen wir uns dabei auch die regionalen Gesetze zu berücksichtigen. Die folgenden Bestimmungen gelten für Nutzer sowie Nicht-Nutzer, die mit Facebook außerhalb der USA interagieren:

1. Du bist damit einverstanden, dass deine persönlichen Daten in die USA weitergeleitet und dort verarbeitet werden.

2. Du wirst Facebook nicht für kommerzielle Zwecke (wie Werbung oder Zahlungen) nutzen oder eine Plattform-App bzw. -Webseite betreiben, wenn du in einem Land lebst, das von den USA mit einem Embargo belegt wurde, oder wenn du auf der Liste der „Specially Designated Nationals" (SDN-Sanktionsliste) des US-Finanzministeriums geführt wirst. Du wirst Facebook nicht nutzen, wenn es dir untersagt ist, Produkte, Dienstleistungen oder Software zu empfangen, die ihren Ursprung in den USA haben.

3. Bestimmte Bedingungen, die nur für deutsche Nutzer gelten, findest du hier.

18. Definitionen

1. „Facebook" umfasst alle Funktionen und Dienstleistungsangebote, die wir u. a. über (a) unsere Webseite unter www.facebook.com und alle anderen mit der Facebook-Marke versehenen oder gemeinschaftlich vermarkteten Webseiten (einschließlich Unterdomains, internationaler und Handyversionen sowie Widgets); (b) unsere Plattform und (c) soziale Plug-ins wie der „Gefällt mir"-Schaltfläche, „Teilen"-Schaltfläche oder andere ähnliche Angebote und (d) andere bereits bestehende oder künftig entwickelte Medien, Software (wie eine Symbolleiste), Geräte oder Netzwerke bereitstellen.

2. Mit dem Begriff „Plattform" wird ein Satz von Anwendungsprogrammierschnittstellen (APIs) und Diensten (wie z. B. Inhalte) bezeichnet, über die andere, wie u. a. App-Entwickler und Betreiber von Webseiten, Daten von Facebook abrufen oder uns Daten bereitstellen können.

3. Mit „Informationen" bezeichnen wir Fakten und andere Informationen über dich, einschließlich Handlungen, die mit Facebook interagierende Nutzer und Nicht-Nutzer durchführen.

4. Mit „Inhalten" ist alles gemeint, was du auf Facebook postest bzw. andere Nutzer posten, und das nicht durch die Definition von „Informationen" abgedeckt wird.

5. Mit „Daten" bzw. „Nutzerdaten" oder „Daten von Nutzern" bezeichnen wir sämtliche Daten, einschließlich Inhalte oder Informationen von Nutzern, die du oder Dritte bei Facebook abrufen oder für Facebook über eine Plattform bereitstellen können.

6. Mit „Posten" bezeichnen wir das Veröffentlichen von Inhalten auf Facebook oder das zur Verfügung stellen von Inhalten auf Art und Weise mittels Facebook.

7. „Verwenden" bezieht sich auf das Verwenden, Betreiben, Kopieren, öffentliche Vorführen oder Anzeigen, Verbreiten, Modifizieren, Übersetzen und Erstellen von abgeleiteten Versionen.

8. „Aktive, registrierte Nutzer" verweist auf Nutzer, die sich innerhalb der vergangenen 30 Tage mindestens einmal bei Facebook angemeldet haben.

9. Mit „App" wird auf jegliche Apps und Webseiten verwiesen, welche die Plattform und andere Systeme, die Daten von uns empfangen oder empfangen haben, verwenden oder darauf zugreifen. Falls du nicht mehr auf die Plattform zugreifst, aber nicht alle unsere Daten gelöscht hast, behält der Begriff „App" seine Gültigkeit, bis alle Daten gelöscht wurden.

Die »IP-Klausel« – Alles anders für deutsche Nutzer?

Für Nutzer mit Wohnsitz in Deutschland schränkt Facebook die IP-Klausel in einer nur **schwer auffindbaren Sonderbestimmung** etwas ein. Dort heißt es:

> *Ziffer 2 [Anmerkung des Verf.: Das ist die IP-Klausel] gilt mit der Maßgabe, dass unsere Nutzung dieser Inhalte auf die Verwendung auf oder in Verbindung mit Facebook beschränkt ist.*

Mit anderen Worten, Facebook wird danach die eingeräumten (übertragbaren, unterlizenzierbaren, weltweiten) Rechte nicht uneingeschränkt nutzen, sondern lediglich »in Verbindung mit Facebook«. Leider bleibt dabei unklar, was diese Einschränkung genau bedeutet. In (irgendeiner) Verbindung mit Facebook steht beispielsweise auch ein von Facebook produziertes T-Shirt, auf dem Ihr Profil-Foto abgebildet ist. Ob die Einschränkung daher aus juristischer Sicht tatsächlich eine große Einschränkung ist, halte ich für sehr zweifelhaft. Eher bleibt alles wie gehabt.

2. **Teilen deiner Inhalte und Informationen**

Dir gehören alle Inhalte und Informationen, die du auf Facebook postest. Zudem kannst du mithilfe deiner Privatsphäre- und App-Einstellungen kontrollieren, wie diese ausgetauscht werden. Ferner:

1. Für Inhalte wie Fotos und Videos, die unter die Rechte an geistigem Eigentum (sog. „IP-Inhalte") fallen, erteilst du uns durch deine Privatsphäre- und App-Einstellungen die folgende Erlaubnis: Du gibst uns eine nicht-exklusive, übertragbare, unterlizenzierbare, gebührenfreie, weltweite Lizenz zur Nutzung jeglicher IP-Inhalte, die du auf oder im Zusammenhang mit Facebook postest („IP-Lizenz"). Diese IP-Lizenz endet, wenn du deine IP-Inhalte oder dein Konto löschst, außer deine Inhalte wurden mit anderen Nutzern geteilt und diese haben die Inhalte nicht gelöscht.

2. Wenn du IP-Inhalte löschst, werden sie auf eine Weise entfernt, die dem Leeren des Papierkorbs auf einem Computer gleichkommt. Allerdings sollte dir bewusst sein, dass entfernte Inhalte für eine angemessene Zeitspanne in Sicherheitskopien fortbestehen (die für andere jedoch nicht zugänglich sind).

3. Wenn du eine App verwendest, kann die App nach deiner Erlaubnis zum Zugriff auf deine Inhalte und Informationen sowie die Inhalte und Informationen, die andere mit dir geteilt haben, fragen. Wir verlangen von Apps, dass sie deine Privatsphäre respektieren. Deine Vereinbarung mit der App bestimmt, wie diese die Inhalte und Informationen nutzen, speichern und übertragen kann. (Weitere Informationen zur Plattform sowie darüber, wie du festlegen kannst, welche Informationen andere Personen mit Apps teilen dürfen, findest du in unseren Datenverwendungsrichtlinien und auf der Plattformseite.)

4. Wenn du die Einstellung „öffentlich" bei der Veröffentlichung von Inhalten oder Informationen verwendest, können alle Personen, einschließlich solcher, die Facebook nicht verwenden, auf diese Informationen zugreifen, sie verwenden und sie mit dir (d. h. deinem Namen und Profilbild) assoziieren.

5. Wir begrüßen grundsätzlich dein Feedback sowie deine Anregungen bezüglich Facebook. Du verstehst jedoch, dass wir diese verwenden können, ohne verpflichtet zu sein dich dafür zu entschädigen (ebenso wie du nicht verpflichtet bist, uns diese anzubieten).

Die »IP-Klausel« – Ist sie wirksam?

Dass die IP-Klausel in den Nutzungsbedingungen enthalten ist, bedeutet nicht automatisch, dass sie auch nach deutschem Recht wirksam ist.

Für die Beantwortung der Frage nach der Wirksamkeit der IP-Klausel gegenüber deutschen Nutzern helfen zwei Vorschriften des Bürgerlichen Gesetzbuches, und zwar § 305 c Abs. 1 BGB (Überraschende und mehrdeutige Klauseln) und § 307 Abs. 1 BGB (Unangemessene Benachteiligung).

§ 305 c Abs. 1 BGB lautet:

> Bestimmungen in Allgemeinen Geschäftsbedingungen, die nach den Umständen, insbesondere nach dem äußeren Erscheinungsbild des Vertrags, so ungewöhnlich sind, dass der Vertragspartner des Verwenders mit ihnen nicht zu rechnen braucht, werden nicht Vertragsbestandteil.«

Entscheidend ist also, ob die IP-Klausel so ungewöhnlich ist, dass Sie als Facebook-Nutzer nicht mit ihr zu rechnen brauchen. Zu fragen ist also danach, ob Sie damit rechnen müssen, dass Sie Facebook eine kostenlose Lizenz für die Nutzung aller »IP-Inhalte«, also all Ihrer Fotos, Videos oder Texte erteilen. Dies erscheint – zumindest in diesem Umfang – höchst fraglich! Warum sollten Sie es einem Plattformbetreiber kostenlos erlauben, Ihre Bilder z.B. an Dritte zu verkaufen, ohne darüber einen gesonderten Vertrag zu schließen?

Eine solche Klausel wäre also nach deutschem Recht m.E. **überraschend und daher unwirksam**. Es wird jedoch zuweilen argumentiert, die IP-Klausel sei deshalb nicht überraschend, weil sie so oder ähnlich in den Nutzungsbedingungen fast aller sozialen Netzwerke enthalten sei.

Ich meine dagegen, die Tatsache, dass fast alle sozialen Netzwerke zu weit gehende IP-Klauseln verwenden, ändert nichts daran, dass der Nutzer damit nicht zu rechnen braucht. Die Unwirksamkeit ergibt sich aber auch aus § 307 Abs. 1 BGB, weil ein Nutzer unangemessen benachteiligt wird, wenn sämtliche seiner Fotos kostenfrei verwendet werden dürften und der Plattformbetreiber damit einen großen Gewinn erwirtschaftet.

Nach Meinung des LG Nürnberg-Fürth ist die IP-Klausel in den Amazon-Nutzungsbedingungen, mit der sich Amazon weltweite und gebührenfreie Rechte an Produktfotos einräumen lässt, unwirksam!

Die »IP-Klausel« – Ein Beispiel außerhalb Facebooks

Im Zusammenhang mit der Verwendung derartiger IP-Klauseln ist der folgende Fall interessant:

Das Landgericht (LG) Nürnberg-Fürth hatte 2011 die Wirksamkeit einer Klausel der Amazon-Nutzungsbedingungen zu beurteilen. Hintergrund war ein Streit zweier Amazon-Händler, die Süßwasserfische und Tierfutterbedarf anboten. Der Kläger fertigte hierzu ein Bild seiner Ware an und stellte dieses als Produktfoto bei Amazon ein. Bei der Anmeldung seines Shops hatte er die AGB bestätigt, die dem Online-Kaufhaus unter anderem die »weltweite und gebührenfreie Lizenz zur Verwendung aller Darstellungen« gewährt. Kurz darauf bemerkte der Kläger, dass ein anderer Händler dasselbe Produktfoto verwendete, um die gleichen Waren zu verkaufen. Amazon hatte ihm auf Grundlage der bestätigten IP-Klausel das Bild des Klägers zur Verfügung gestellt. Der Händler, der das Bild angefertigt hatte, klagte vor dem LG Nürnberg-Fürth auf Unterlassung. Das Gericht entschied, dass die Klausel, aufgrund derer Amazon die Lizenz einräumt, überraschend und somit unwirksam sei. Es handle sich hierbei um eine so ungewöhnliche Bestimmung, dass die Vertragspartner von Amazon hiermit nicht zu rechnen brauchen.

16. Wenn der Inhalt auf Social-Media-Plattformen oder sonstigen Webseiten Dritter reproduziert wird, (i) werden die hiermit gewährten Rechte automatisch widerrufen, wenn der Inhalt durch die Plattform oder Webseite auf eine Weise genutzt wird, die den Bedingungen der vorliegenden Vereinbarung zuwiderläuft, und (ii) verpflichtet sich der Lizenznehmer, in einem solchen Fall auf Aufforderung durch iStock sämtliche Inhalte von den entsprechenden Plattformen oder Webseiten zu entfernen.

Mit dieser Klausel der iStockphoto-Nutzungsbedingungen geht iStockphoto auf die Problematik ein, dass über IP-Klauseln (wie die bei Facebook) Betreibern von Social-Media-Plattformen Rechte an den Inhalten eingeräumt werden, die Nutzer auf der Social-Media-Plattform einstellen. Weil die Klausel für Nichtjuristen etwas kompliziert klingt: Damit versucht einfach (nachvollziehbarerweise) der Betreiber der Bilddatenbank zu erreichen, dass die Betreiber von Social-Media-Plattformen nicht umfangreiche Rechte an sämtlichen Bilddatenbank-Fotos erwerben.

Die »IP-Klausel« und Nutzungsbedingungen von Bilddatenbanken

Problematisch wird es, wenn Sie Fotos zur Verwendung auf Facebook bei Bilddatenbanken wie iStockphoto erwerben. Denn die Nutzungsbedingungen der meisten Bilddatenbanken verbieten es ausdrücklich, anderen Unternehmen oder Personen die Nutzung der Fotos zu gestatten. In den **Nutzungsbedingungen von iStockphoto** heißt es zum Beispiel:

> 4. (a) *Untersagte Nutzungen. Folgendes ist nicht erlaubt:*
>
> > 10. *Unterlizenzierung, Weiterverkauf, Vermietung, Verleihung, Abtretung, Verschenkung oder anderweitige Übertragung oder Vertrieb des Inhalts oder der im Rahmen dieser Vereinbarung gewährten Rechte*

Konsequenz: Wer Fotos aus Fotodatenbanken wie iStockphoto einfach bei Facebook postet bzw. einstellt, verstößt aufgrund der Facebook-IP-Klausel, die Facebook Rechte an den Bildern einräumt, gegen die Nutzungsbedingungen der Bilddatenbank. Die Folge können Unterlassungs- und Schadensersatzansprüche sowie Erstattungsansprüche im Hinblick auf entstandene Rechtsanwaltskosten sein. Auch wenn die Bildagenturen im Zweifel nicht gleich diese juristische Keule gegen ihre Kunden auspacken, sollten Sie die Rechte besser klären!

Praxis-Tipp

Sichern Sie sich ab! Klären Sie die Nutzungsmöglichkeiten mit dem Anbieter der Foto-Datenbank ab und lassen Sie sich eine Rechteeinräumung für die Nutzung der Fotos auf Facebook gegebenenfalls durch den Anbieter bestätigen, z.B. per E-Mail. Falls möglich erwerben Sie gleich eine »Social-Media-Lizenz«, wenn der Bilddatenbank-Betreiber eine solche anbietet.

Facebook Login

Account Disabled

Your account has been disabled. If you have any questions or concerns, you can visit our FAQ page here.

Email:

Password:

☐ Keep me logged in

Login or Sign up for Facebook

Forgot your password?

Rückforderung und Entfernung des Kontos

Ein Blick in Nr. 4 der Facebook-Nutzungsbedingungen (**Registrierung und Sicherheit der Konten**) zeigt: Haben Sie sich einmal erfolgreich bei Facebook angemeldet und einen Namen für Ihren Social-Media-Auftritt gewählt, kann es dazu kommen, dass Facebook diesen zurückfordert oder Ihr Profil bzw. Ihre Seite entfernt. In den Nutzungsbedingungen heißt es dazu:

> *10. Wenn du einen Nutzernamen bzw. eine ähnliche Bezeichnung für dein Konto oder deine Seite auswählst, behalten wir uns das Recht vor, diese/n zu entfernen oder zurückzufordern, sollten wir dies als notwendig erachten (zum Beispiel, wenn der Inhaber einer Marke eine Beschwerde über einen Nutzernamen einreicht, welcher nicht dem echten Namen eines Nutzers entspricht).*

Doch wann wird Facebook die Entfernung als »notwendig erachten«? Bedeutet das, dass der Name gleich bei der ersten Beschwerde zurückgefordert oder entfernt wird? Oder erst, wenn die Inhaberschaft der Marke bewiesen wird (wie im von Facebook genannten Beispiel)? Oder wenn ein rechtskräftiges Urteil vorliegt? Leider bleibt hier ein großer Interpretationsspielraum und daher vieles unklar.

Rückforderung und Entfernung des Kontos – Beispiele

Fall 1 (Merck): Der deutsche Pharma-Hersteller Merck KGaA (Darmstadt) und der amerikanische Konkurrent Merck & Co., Inc. (USA) gehörten ursprünglich zusammen, sind heute jedoch zwei völlig unabhängige Unternehmen.

Merck Darmstadt betrieb ursprünglich die Facebook-Seite www.facebook.com/merck, hatte aber im November 2011 von einem Tag auf den anderen keinen Zugriff mehr auf diese Seite. Stattdessen war dort plötzlich das amerikanische Unternehmen Merck & Co zu finden, veranlasst von Facebook. In der Folge gab es einen Rechtsstreit und Facebook sperrte die Seite schließlich komplett. Die Unternehmen sollten unter sich ausmachen, wer die Seite bekommt. Mit der Folge, dass die Seite bisher auch im Jahr 2014 noch nicht abrufbar ist, sondern auf die Facebook-Startseite verlinkt. Die amerikanische Merck hat ihren Auftritt mittlerweile auf *www.facebook.com/MerckBeWell*, die deutsche Merck auf *www.facebook.com/merckgroup* und *www.facebook.com/MerckDeutschland* gelegt und beide Unternehmen haben jeweils dort eine neue »Fanbase« aufgebaut.

Fall 2 (Stadt München): Anfang 2012 verschwand plötzlich die Facebook-Seite der Stadt München mit 400.000 Fans, da die damaligen Nutzungsbedingungen eine Regelung enthielten, der zufolge Facebook-Seiten nicht nach einer Stadt benannt werden dürfen. Die Folge: Der Facebook-Kanal war vorübergehend zerstört, die Kommunikation unterbrochen und die Fans waren zunächst weg. Die Stadt München betrieb dann eine Zeit lang eine neue Facebookseite unter der URL *www.facebook.com/stadtportal.muenchen* und versuchte über Facebook zu erreichen, dass die Fans der alten Seite mit umziehen konnten. Mittlerweile wurde die Städtenamen-Regelung wieder aus den Nutzungsbedingungen entfernt und die Stadt München ist wieder unter der URL *www.facebook.com/muenchen* zu finden.

10. Wenn du einen Nutzernamen bzw. eine ähnliche Bezeichnung für dein Konto oder deine Seite auswählst, behalten wir uns das Recht vor, diese/n zu entfernen oder zurückzufordern, sollten wir dies als notwendig erachten (zum Beispiel, wenn der Inhaber einer Marke eine Beschwerde über einen Nutzernamen einreicht, welcher nicht dem echten Namen eines Nutzers entspricht).

Schadensersatzansprüche bei willkürlicher Entfernung bzw. Sperrung der Facebook-Seite?

Aufgrund der genannten Beispiele könnte man sich die Frage stellen, ob ein Vorgehen gegen Facebook oder ein Konkurrenzunternehmen auf Schadensersatz möglich ist, wenn Facebook aus Willkür oder aufgrund falscher Angaben durch ein Konkurrenzunternehmen eine Unternehmensseite sperrt. Voraussetzung für einen Schadensersatzanspruch ist allerdings, dass dem Kläger ein – bezifferbarer – Schaden entstanden ist. In den genannten Fällen und so gut wie immer wird sich hieraus ein Problem ergeben, da der Schaden im Verlust der Fans liegt und es – trotz verschiedener Studien über den wirtschaftlichen Wert eines Facebook-»Fans« – schwierig bleiben wird, einen solchen Schaden genau zu beziffern.

> ## Praxis-Tipp
>
> Sichern Sie sich rechtzeitig **alle denkbaren,** Ihnen z.B. aufgrund des Markenrechts zustehenden Facebook-URLs – vor allem, wenn Sie ein Unternehmen betreiben! Wenn Sie unsicher sind, führen Sie vor der Einrichtung Ihrer Facebook-Seite einen **Rechts-Check** durch, ob der von Ihnen ausgesuchte Name tatsächlich durch Sie verwendet werden darf.

15. Beendigung

Wenn du gegen den Inhalt oder den Geist dieser Erklärung verstößt oder anderweitig mögliche rechtliche Risiken für uns erzeugst, können wir die Bereitstellung von Facebook für dich ganz oder teilweise einstellen. Wir werden dich per E-Mail oder wenn du dich das nächste Mal für dein Konto anmeldest darüber informieren. Du kannst außerdem jederzeit dein Konto löschen oder deine App sperren. In all diesen Fällen wird diese Erklärung beendet, wobei die folgenden Bestimmungen ihre Gültigkeit beibehalten: 2.2, 2.4, 3-5, 8.2, 9.1-9.3, 9.9, 9.10, 9.13, 9.15, 9.18, 10.3, 11.2, 11.5, 11.6, 11.9, 11.12, 11.13 und 15-19.

Verstoß gegen den »Geist der Erklärung«

Neben ganz konkreten Regelungen enthalten die Nutzungsbedingungen von Facebook in Nr. 15 (Beendigung) eine Klausel, die Bezug nimmt auf den so genannten »Geist der Erklärung«. Die Formulierung lautet:

> *Wenn du gegen den Inhalt oder den Geist dieser Erklärung verstößt oder anderweitig mögliche rechtliche Risiken für uns erzeugst, können wir die Bereitstellung von Facebook für dich ganz oder teilweise einstellen. Wir werden dich per E-Mail oder wenn du dich das nächste Mal für dein Konto anmeldest darüber informieren. (...)«*

Beim »Inhalt der Erklärung« handelt es sich um das, was in der Erklärung steht. Dieser Teil ist also unproblematisch. Unklar ist jedoch, was unter dem »Geist der Erklärung« zu verstehen ist. Dieser Begriff ist ungenau und hat juristisch keine eigene Bedeutung. Es bleibt also offen, was der »Geist der Erklärung« genau sein mag.

Auch die Formulierung »anderweitig mögliche rechtliche Risiken ... erzeugst« ist sehr weit gefasst. Hierunter können prinzipiell alle Verhaltensweisen fallen, die sich in irgendeiner Art und Weise als rechtlich schädigend für Facebook herausstellen.

Ist eine Klausel in den AGB unklar und unverständlich formuliert, so kann sich daraus nach deutschem Recht eine unangemessene Benachteiligung und somit die Unwirksamkeit dieser Klausel ergeben (§ 307 Absatz 1 Satz 2 BGB). Ob die von Facebook verwendeten Begrifflichkeiten diesem sog. **Transparenzgebot** aus § 307 Absatz 1 Satz 2 BGB genügen, ist zumindest fraglich.

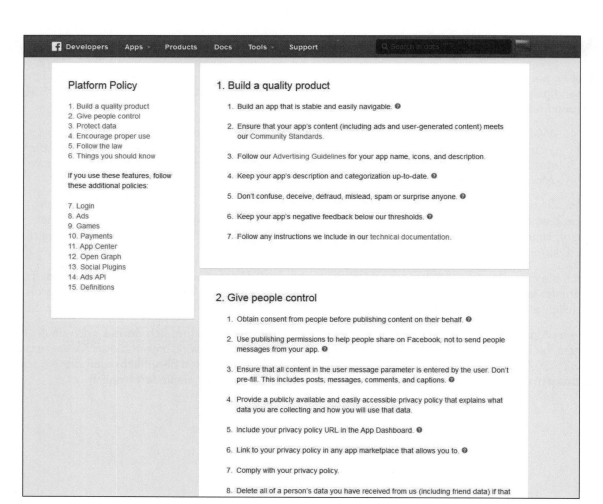

Developers Apps Products Docs Tools Support

Q Search in docs

Platform Policy

1. Build a quality product
2. Give people control
3. Protect data
4. Encourage proper use
5. Follow the law
6. Things you should know

If you use these features, follow these additional policies:

7. Login
8. Ads
9. Games
10. Payments
11. App Center
12. Open Graph
13. Social Plugins
14. Ads API
15. Definitions

1. Build a quality product

1. Build an app that is stable and easily navigable. ❷

2. Ensure that your app's content (including ads and user-generated content) meets our Community Standards.

3. Follow our Advertising Guidelines for your app name, icons, and description.

4. Keep your app's description and categorization up-to-date. ❷

5. Don't confuse, deceive, defraud, mislead, spam or surprise anyone. ❷

6. Keep your app's negative feedback below our thresholds. ❷

7. Follow any instructions we include in our technical documentation.

2. Give people control

1. Obtain consent from people before publishing content on their behalf. ❷

2. Use publishing permissions to help people share on Facebook, not to send people messages from your app. ❷

3. Ensure that all content in the user message parameter is entered by the user. Don't pre-fill. This includes posts, messages, comments, and captions. ❷

4. Provide a publicly available and easily accessible privacy policy that explains what data you are collecting and how you will use that data.

5. Include your privacy policy URL in the App Dashboard. ❷

6. Link to your privacy policy in any app marketplace that allows you to. ❷

7. Comply with your privacy policy.

8. Delete all of a person's data you have received from us (including friend data) if that

AGB in englischer Sprache: Wirksam oder nicht?

Ein Teil der Facebook-Nutzungsbedingungen, wie z.B. die Plattform-Richtlinien (Platform Policies), sind ausschließlich in englischer Sprache verfasst. Das liegt unter anderem daran, dass es in diesem Bereich ständig neue technologische Entwicklungen gibt, die von Facebook stets zunächst in den USA umgesetzt und dort mit entsprechenden Regelungen versehen werden. Die Technologie wird anschließend auch auf dem deutschen Markt angeboten, teilweise ohne dass die zugehörigen Nutzungsbedingungen übersetzt werden.

Ob die in englischer Sprache abgefassten Nutzungsbedingungen für deutsche Facebook-Nutzer überhaupt gültig sind, verrät ein Blick ins Gesetz, in § 305 Abs. 2 BGB:

> *Allgemeine Geschäftsbedingungen werden nur dann Bestandteil eines Vertrags, wenn der Verwender bei Vertragsschluss (...)*
>
> *1. die andere Vertragspartei ausdrücklich ... auf sie hinweist und ...*
>
> *2. der anderen Vertragspartei die Möglichkeit verschafft, in zumutbarer Weise ... von ihrem Inhalt Kenntnis zu nehmen.*

Damit AGB wirksam in einen Vertrag einbezogen werden, muss der Kunde also den Inhalt der AGB tatsächlich zur Kenntnis nehmen können. Konkret bedeutet das, dass die AGB ohne Anstrengung lesbar und verständlich sein müssen. Im Falle englischsprachiger AGB fehlt es an der von § 305 Abs. 2 BGB geforderten zumutbaren Kenntnisnahme, da die auf Englisch verfassten AGB für einen Deutschen nicht zwangsläufig lesbar und verständlich sind.

Letzte Überarbeitung: 20 April 2012

Für Nutzer mit Wohnsitz in Deutschland:

1. Ziffer 2 gilt mit der Maßgabe, dass unsere Nutzung dieser Inhalte auf die Verwendung auf oder in Verbindung mit Facebook beschränkt ist.

2. Ziffer 10 wird ersetzt durch: Unser Ziel ist es Werbe¬anzeigen nicht nur für Werbetreibende sondern auch für die Nutzer wertvoll zu gestalten. Damit dies möglich ist, erklärst du dich mit Folgendem einverstanden:

     1. Du erteilst uns die Erlaubnis, sofern du in den Privatsphäre-Einstellungen nichts anderes festgelegt hast, deinen Namen und dein Profilbild für kommerzielle, gesponsorte oder verwandte Inhalte (wie z. B. einer Marke, die dir gefällt), die von uns zur Verfügung gestellt oder gestaltet werden, einzusetzen.

3. Wir werden Änderungen gem. Ziffer 14 nur vornehmen, wenn die Regelungen dort nicht mehr passen oder wenn sie sich als unvollständig herausstellen, und wenn diese Änderungen unter Berücksichtigung deiner Interessen für dich zumutbar sind.

Abweichend von Ziffer 14 treten Änderungen 30 Tage nach dem Datum in Kraft, an dem wir über die geplanten Änderungen informiert haben. Wenn du die Änderungen nicht akzeptieren möchtest, musst du dein Konto löschen, und wenn du dies nicht tust, gilt das als Annahme der Änderungen. Wir werden dich in unserer die Änderungen ankündigenden E-Mail auf diese 30-Tages-Frist und ihre Bedeutung besonders hinweisen.

4. Ziffer 15 wird ersetzt durch: Unser Recht zur außerordentlichen Kündigung aus wichtigem Grund bleibt unberührt. Ein wichtiger Grund liegt insbesondere vor, wenn eine Partei gegen Verpflichtungen aus dieser Erklärung, gegen gesetzliche Vorschriften, Rechte Dritter oder die Datenschutzrichtlinien verstößt, und der kündigenden Partei unter Berücksichtigung aller Umstände des Einzelfalls und unter Abwägung der beiderseitigen Interessen die Fortsetzung des Vertragsverhältnisses bis zur vereinbarten Beendigung oder bis zum Ablauf einer Kündigungsfrist nicht zugemutet werden kann. Eine Kündigung aus wichtigem Grund ist nur innerhalb einer angemessenen Frist nach Kenntniserlangung möglich.

Besteht der wichtige Grund in der Verletzung einer Pflicht aus dieser Erklärung, ist die Kündigung erst nach erfolglosem Ablauf einer zur Abhilfe bestimmten Pflicht oder nach erfolgloser Abmahnung zulässig. Einer Abhilfefrist bedarf es jedoch nicht, wenn die andere Seite die Erfüllung ihrer Verpflichtungen ernsthaft und endgültig verweigert oder besondere Umstände vorliegen, die unter Abwägung der beiderseitigen Interessen eine sofortige Kündigung rechtfertigen.

In allen diesen Fällen behalten die folgenden Bestimmungen ihre Gültigkeit: 2.2, 2.4, 3-5, 8.2, 9.1-9.3, 9.9, 9.10, 9.13, 9.15, 9.18, 10.3, 11.2, 11.5, 11.6, 11.9, 11.12, 11.13, und 15-19.

5. Ziffer 16.1 wird ersetzt durch: Diese Erklärung unterliegt deutschem Recht.

6. Ziffer 16.3 wird ersetzt durch: Wir sind ausschließlich wie folgt haftbar: Wir haften unbeschränkt gemäß den gesetzlichen Bestimmungen (i) für Schäden die aus der Verletzung von Leben, Körper oder Gesundheit entstehen; (ii) bei Vorsatz; (iii) bei grober Fahrlässigkeit; und (iv) gemäß dem Produkthaftungsgesetz. Ohne dass dies das Vorstehende einschränkt haften wir für leichte Fahrlässigkeit nur im Falle der Verletzung einer „wesentlichen" Pflicht aus diesem Vertrag. „Wesentliche" Pflichten in diesem Sinne sind Pflichten, die für die Erfüllung des Vertrags nötig sind, deren Verletzung die Erreichung des Vertragszwecks in Frage stellen würde, und auf deren Einhaltung du daher regelmäßig vertrauen darfst. In diesen Fällen ist die Haftung beschränkt auf typische und vorhersehbare Schäden; in sonstigen Fällen besteht keine Haftung für leichte Fahrlässigkeit.

Sonderbedingungen für deutsche Nutzer

Wie schon zuvor erwähnt, finden sich in den Facebook-Nutzungsbedingungen auch Sonderregelungen für deutsche Nutzer des sozialen Netzwerks. Diese Sonderregelungen sind allerdings nur sehr schwer zu finden. Lediglich eine unauffällige Verlinkung in einer Klausel in Ziff. 17 der Erklärung der Rechte und Pflichten weist auf sie hin. Aus diesem Grund ist fraglich, ob die Sonderbestimmungen für deutsche Nutzer überhaupt wirksam in das Nutzungsverhältnis mit Facebook einbezogen werden. Dennoch empfiehlt es sich natürlich, sich im Falle eines Rechtsstreits auf Sonderregelungen zu berufen, die für Sie günstig sind.

Neben der leichten Abwandlung der IP-Klausel (vgl. oben Seite 41) und der Bestimmung des deutschen Rechts als anwendbares Recht (vgl. oben Seite 31) fallen unter anderem die folgenden Sonderbestimmungen auf:

Du bist damit einverstanden, dass deine persönlichen Daten in die USA weitergeleitet und dort verarbeitet werden.

Du erteilst uns die Erlaubnis ... deinen Namen und dein Profilbild für kommerzielle, gesponsorte oder verwandte Inhalte (wie z.B. eine Marke, die dir gefällt), die von uns zur Verfügung gestellt oder gestaltet werden, einzusetzen.

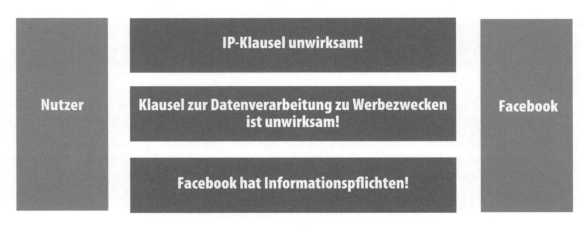

Laut LG Berlin sind die IP-Klausel und die Klausel über die Datenverarbeitung zu Werbezwecken in den Facebook-Nutzungsbedingungen unwirksam. Außerdem hat Facebook bestimmte Informationspflichten gegenüber den Nutzern.

Unwirksame Klauseln der Facebook-Regeln?

Das LG Berlin hat sich 2012 aufgrund einer Klage der Verbraucherzentralen mit den Nutzungsbedingungen von Facebook beschäftigt (Az. 16 O 551/10). Dabei hat es unter anderem festgestellt, dass

- ein umfassendes weltweites und kostenloses Nutzungsrecht (IP-Klausel) an Inhalten der Nutzer rechtswidrig ist,
- die Einwilligungserklärung, mit der die Nutzer der Datenverarbeitung zu Werbezwecken zustimmen, ebenfalls rechtswidrig ist,
- Facebook sicherstellen muss, dass die Nutzer über Änderungen der Nutzungsbedingungen und Datenschutzbestimmungen rechtzeitig informiert werden.

Facebook hat gegen das Urteil des LG Berlin Berufung eingelegt, die aber durch das Kammergericht Berlin zurückgewiesen wurde (Az. 5 U 42/12).

Die Verbraucherzentralen führen häufiger Verfahren gegen Facebook und sind zum Beispiel auch bereits gegen die aus Sicht der Verbraucherzentralen unzureichende Aufklärung und Einwilligung der Nutzer im Facebook-App-Zentrum vorgegangen.

Praxis-Tipp

Klagen von Verbraucherzentralen gegen bestimmte Facebook-Klauseln haben für den einzelnen Nutzer insofern Vorteile, dass einerseits hinter einer Verbandsklage deutlich mehr Druck und finanzielle Mittel stehen als hinter einer Einzelklage. Außerdem bringt es Vorteile für jeden einzelnen Nutzer, wenn im Wege einer solchen Klage eine verbraucherfeindliche Klausel für unwirksam erklärt wird. Ob sich Facebook im Einzelfall an deutsche Gerichtsentscheidungen hält, bleibt abzuwarten.

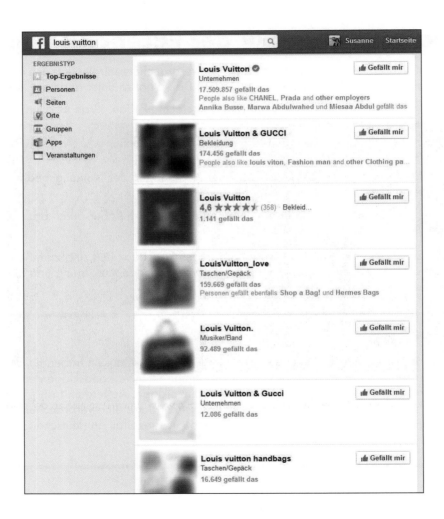

Account- bzw. Seitenname

Nachdem Sie die Nutzungsbedingungen gelesen und akzeptiert haben, müssen Sie sich Gedanken darüber machen, **welchen Namen** Sie Ihrer Facebook-Seite geben.

Bei der Auswahl des Account- bzw. Seitennamens gibt es vor allem im Bereich Markenrecht einiges zu beachten. Eine Marke ist ein rechtlich geschütztes Zeichen, das dazu dient, Waren und Dienstleistungen von Unternehmen zu kennzeichnen, damit diese voneinander unterschieden werden können. Geschützt sein können z.B. Wörter, Buchstaben, Abbildungen, Farben, Zahlen, aber auch Hörzeichen. Alleine der Inhaber einer Marke hat das Recht, die von ihm angemeldete und eingetragene Marke für die geschützten Waren und Dienstleistungen zu benutzen.

Wenn Sie einen Namen für Ihr Profil oder Ihre Seite aussuchen, sollten Sie bedenken, dass im Markenrecht grundsätzlich ein **gesetzliches Verbot der Irreführung** besteht. Das bedeutet, dass für unterschiedliche Marken keine ähnlich klingenden Namen verwendet werden dürfen, wie es zum Beispiel durch das Verwenden von Buchstabendrehern der Fall wäre. Wird dieses Verbot gebrochen, bestehen für den Inhaber der Marke gesetzliche Schadensersatz- und Unterlassungsansprüche.

Die entsprechenden Regelungen finden sich in den §§ 5 und 15 MarkenG, in § 12 BGB sowie in § 5 UWG. Dass sich die Facebook-Nutzer nicht immer an diese Vorgaben halten, sieht man zum Beispiel, wenn man einmal den Markennamen »Louis Vuitton« in das Facebook-Suchfenster eintippt.

II. Seiten-Management

A. Seitennamen und Facebook-Webadressen

Seitennamen und Facebook-Webadressen müssen die Seiteninhalte genau wiedergeben. Wir können deine administrativen Rechte entfernen bzw. von dir verlangen, den Seitennamen und die Facebook-Webadresse für jede Seite zu ändern, die diese Bedingung nicht erfüllt.

Seitennamen müssen folgende Bestimmungen einhalten:

i.   Sie dürfen nicht nur aus allgemeinen Begriffen bestehen (z. B. „Bier" oder „Pizza");

ii.   Sie müssen richtige, grammatikalisch korrekte Großschreibung verwenden und dürfen nicht ausschließlich Großbuchstaben enthalten, mit Ausnahme von Akronymen;

iii.   Sie dürfen keine Zeichen oder Symbole, wie beispielsweise überflüssige Satzzeichen und Handelsmarkenbezeichnungen, enthalten;

iv.   Sie dürfen keine überflüssigen Beschreibungen oder unnötigen Vermerke enthalten;

v.   Sie dürfen nicht bei Anderen den Eindruck hervorrufen, dass es sich um eine offizielle Seite des Gegenstands der Seite handelt oder dass sie von einem autorisierten Vertreter des Gegenstands der Seite genehmigt wurde, und

vi.   Sie dürfen mit der Seite nicht die Rechte anderer verletzen.

Facebook-Regeln zum Seiten- und Account-namen

Aber auch in den Facebook-Nutzungsbedingungen sind Bedingungen zur Erstellung eines Profils und zur Auswahl von Seiten- und Accountnamen geregelt. Abschnitt 4 der Nutzungsbedingungen widmet sich der Registrierung und Sicherheit der Konten. Darin heißt es:

> *4.1. Du wirst keine falschen persönlichen Informationen auf Facebook bereitstellen oder ohne Erlaubnis ein Profil für jemand anderen erstellen.*

> *4.10. Wenn du einen Nutzernamen bzw. eine ähnliche Bezeichnung für dein Konto oder deine Seite auswählst, behalten wir uns das Recht vor, diese/n zu entfernen oder zurückzufordern, sollten wir dies als notwendig erachten (zum Beispiel, wenn der Inhaber einer Marke eine Beschwerde über einen Nutzernamen einreicht, welcher nicht dem echten Namen eines Nutzers entspricht).*

Weitere Vorgaben von Facebook finden Sie in den Richtlinien für Facebook-Seiten:

- Standardisierte Großschreibung – keine überflüssige Großschreibung
- Schlichter Text – keine Symbole oder überflüssige Satzzeichen
- Präzise Namen – keine Slogans, überflüssige Beschreibungen oder unnötige Qualifikatoren
- Keine allgemeinen Begriffe (z.B. »Pizza« oder »Bier«)

Impressum

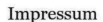

Dr. Jan Christian Seevogel

Lausen Rechtsanwälte
Residenzstrasse 25
D-80333 München

E-Mail: **seevogel@lausen.com**

Tel.: +49/89/242096-0
Fax: +49/89/242096-10

Inhaltlich verantwortlich: Dr. Jan Christian Seevogel, Residenzstr. 25, D-80333 München

Rechtsanwalt Dr. Jan Christian
Seevogel
LAUSEN
RECHTSANWÄLTE

Residenzstraße 25
80333 München
089 242096-0
seevogel@lausen.com

Suche

Impressum

Braucht Ihre Facebook-Seite überhaupt ein Impressum? Die Antwort und die gesetzliche Grundlage zu dieser Frage finden Sie in § 5 Abs. 1 Telemediengesetz (TMG) (Allgemeine Informationspflichten):

> *Diensteanbieter haben für geschäftsmäßige*, **in der Regel gegen Entgelt angebotene** *Telemedien folgende Informationen leicht erkennbar, unmittelbar erreichbar und ständig verfügbar zu halten (...).*

Der Zweck dieser gesetzlichen Regelung ist die sogenannte »Anbietertransparenz« zur Durchsetzung der allgemeinen Gesetze durch die Ordnungs- bzw. Strafverfolgungsbehörden sowie der Rechtsverfolgung bei Rechtsverletzungen in Telemedien. »Telemedien« ist dabei ein rechtlicher Begriff für bestimmte elektronische Kommunikations- und Informationsdienste.

Dabei brauchen Sie nur zu wissen, dass jedenfalls **Ihre Facebook-Unternehmensseite** unter diesen Begriff fällt. Nachdem es vor einiger Zeit noch umstritten war, ist mittlerweile einhellige Meinung, dass eine Facebook-Unternehmensseite letztlich wie eine eigene Homepage zu behandeln ist und ein Impressum benötigt. Dies haben unter anderem das LG Aschaffenburg (2 HK O 54/11) und das LG Regensburg (1 HK O 1884/12) bestätigt.

Ein rein privat genutztes Facebook-Profil braucht kein Impressum. Sollten Sie aber auf Ihrem privaten Profil häufig geschäftliche Inhalte posten und geschäftliche Kontakte pflegen, kann sogar Ihr privates Profil unter die Impressumspflicht fallen.

Praxis-Tipp

Wenn Sie unsicher sind, ob Ihr Facebook-Auftritt ein Impressum benötigt oder nicht, richten Sie im Zweifel lieber eines ein, schaden wird es Ihnen nicht.

Seevogel

STARTSEITE   BLOG   ABOUT ME   LEISTUNGEN   VORTRÄGE   PRESSE

Impressum

[f] Like 〈 0 〉   ▶ Tweet 2   8+1 0

Dr. Jan Christian Seevogel

Lausen Rechtsanwälte
Residenzstrasse 25
D-80333 München

E-Mail: **seevogel@lausen.com**

Tel.: +49/89/242096-0
Fax: +49/89/242096-10

Inhaltlich verantwortlich: Dr. Jan Christian Seevogel, Residenzstr. 25, D-80333 München

Berufsrechtlicher Hinweis

Ich bin Mitglied der Rechtsanwaltskammer München
http://rak-muenchen.de/

Die für Rechtsanwälte maßgeblichen berufsrechtlichen Regelungen sind die Bundesrechtsanwaltsordnung
(BRAO), die Berufsordnung für Rechtsanwälte (BORA), die Bundesgebührenordnung für Rechtsanwälte
(BRAGO), die Fachanwaltsordnung, die Berufsregeln der Rechtsanwälte der Europäischen Gemeinschaft,
das Gesetz über die Tätigkeit europäischer Rechtsanwälte (EuRAG), Law implementing the Directives of the
European Community pertaining to the professional law regulating the legal profession.
Die aktuellen Gesetzestexte sind auf der Website der **Bundesrechtsanwaltskammer** abrufbar.

Weitere Hinweise und Disclaimer

Die auf meinem Blog von mir veröffentlichten Beiträge dienen der Information, nicht jedoch der
Rechtsberatung. Falls Sie rechtlichen Rat oder Beistand benötigen, wenden Sie sich bitte an einen Anwalt

Rechtsanwalt Dr. Jan Christian
Seevogel
LAUSEN
RECHTSANWÄLTE

Residenzstraße 25
80333 München
089 242096-0
seevogel@lausen.com

| Suche | 🔍 |

Termine
No events to show

Like Me!

Find us on Facebook

Seevogel - Urheberrecht
Medienrecht Internetrecht
[f] Like

Pflichtangaben im Impressum

Das Impressum muss die folgenden **Pflichtangaben** enthalten:

- Name / Firma und die Anschrift, wobei diese kein Postfach sein darf!
- Vertretungsberechtigte: Dies können nur natürliche Personen sein!
- E-Mail-Adresse
- Zuständige Aufsichtsbehörde, soweit eine behördliche Zulassung erforderlich ist
- Eintragung im Handels-, Vereins- oder Genossenschaftsregister unter der Angabe des Registers und der Registernummer
- Bei »geschützten Berufen« (z.B. Ärzte, Rechtsanwälte, Architekten): die berufsständische Kammer, die gesetzliche Berufsbezeichnung und besondere berufsrechtliche Regelungen mit dem Zugang hierzu
- Falls vorhanden: Umsatzsteuer-Identifikationsnummer (oder Wirtschafts-Identifikationsnummer)

Nach einem Urteil des Europäischen Gerichtshofes ist die Angabe einer Telefonnummer nicht zwingend erforderlich, wenn über ein elektronisches Kontaktformular innerhalb angemessener Zeit nach Kontaktaufnahme geantwortet wird und ggf. in besonderen Situationen dem Nutzer auf Verlangen ein anderer, nicht-elektronischer Kontaktweg zur Verfügung gestellt wird.

Vorgaben der Rechtsprechung zur Impressumspflicht

Nicht nur eine Facebook-Seite muss ein Impressum enthalten – alle geschäftsmäßig betriebenen Online-Präsenzen benötigen ein Impressum. An das Impressum werden neben inhaltlichen Anforderungen auch weitere Anforderungen gestellt. So legt das Gesetz fest, dass die Pflichtangaben im Impressum **leicht erkennbar**, **unmittelbar erreichbar** und **ständig verfügbar** sein müssen.

Die Rechtsprechung präzisiert diese Vorgaben. Am wichtigsten ist dabei die sogenannte **»Zwei Klick«-Regel** des Bundesgerichtshofs, nach der der durchschnittlich informierte Nutzer des Internets in zwei Schritten, also mit zwei »Klicks«, zu den benötigten Informationen gelangen muss.

Ferner müssen Sie nach der Rechtsprechung bei Ihrem Impressum dafür sorgen, dass

- kein übermäßiges Scrollen nötig ist,
- eine eindeutige Bezeichnung (»Impressum«, »Kontakt«) vorhanden ist,
- zur Anzeige keine Pop-Up-Fenster oder Java-Script verwendet werden und das Impressum nicht nur in PDF- oder Grafikdateien angeboten wird.

Im Zusammenhang mit der eindeutigen Bezeichnung hat der Bundesgerichtshof die Möglichkeit der Bereitstellung des Impressums unter der Überschrift »Kontakt« bejaht und auch andere Bezeichnungen für möglich erachtet, solange den Nutzer dort entsprechende Informationen erwarten. Nach Ansicht des Landgerichts Aschaffenburg und zuletzt auch des OLG Düsseldorf ist allerdings die Bereitstellung des Impressums unter der Bezeichnung »Info« bei Facebook nicht ausreichend, da der Nutzer dort nicht zwingend die Informationen zum Impressum erwartet. Es ist m.E. sehr zweifelhaft, ob der Bundesgerichtshof dies auch so sehen würde wie das Landgericht Aschaffenburg und das OLG Düsseldorf. Wenn Sie auf Nummer sicher gehen möchten, sollten Sie aber versuchen, die Anforderungen dieser Gerichte zu erfüllen.

Wohin mit dem Impressum auf Ihrer Facebook-Seite?

Facebook bietet seit Kurzem ein spezielles (Impressums-)Feld an, in dem das Impressum untergebracht werden kann. Das dort angezeigte Impressum ist aber bisher nicht auf allen mobilen Endgeräten sichtbar, weshalb für ein insgesamt rechtssicheres Impressum zusätzliche Impressums-Einträge erforderlich sind.

In diesem Zusammenhang hat das OLG Düsseldorf entschieden, dass ein Plattformbetreiber seinen Nutzern ein Impressum ermöglichen bzw. ein spezielles Impressums-Feld bereit stellen muss (Urteil vom 18.06.2013 Az. I-20 U 145/12). Ob Facebook den deutschen Nutzern diesen Gefallen aufgrund dieses Urteils getan hat oder ob das Ganze schon lange geplant war, ist nicht bekannt. Auch das Business-Portal Xing bietet inzwischen diese Möglichkeit an.

Empfehlenswert ist, einen Direkt-Link auf das Impressum Ihrer eigenen Webseite in das Impressums-Feld Ihrer Facebook-Unternehmensseite einzustellen und so auch bei Ihren anderen Social-Media-Auftritten zu verfahren. Das hat zusätzlich den Vorteil, dass Sie spätere Änderungen im Impressum nur einmal – nämlich auf Ihrer Webseite – vornehmen müssen. Alle Social-Media-Kanäle enthalten dann über die Verlinkung automatisch das aktualisierte Impressum.

Impressumsansicht auf mobilen Endgeräten

Ihr Impressum auf mobilen Endgeräten

Für das insgesamt rechtssichere Facebook-Impressum muss nicht nur die Desktop- sondern auch die mobile Darstellung den gesetzlichen Vorgaben und den Vorgaben der Rechtsprechung entsprechen. Die korrekte Einrichtung eines Impressums ist allerdings nicht ganz einfach, wenn das Impressum auch auf mobilen Endgeräten rechtlich einwandfrei abgebildet werden soll.

Da das offizielle Impressums-Feld bisher nicht auf allen mobilen Endgeräten korrekt angezeigt wird, sollten Sie vorsichtshalber wie folgt vorgehen:

Tragen Sie im Administrationsbereich Ihrer Facebook-Seite unter Seite bearbeiten → Öffentliche Informationen aktualisieren in das Feld Beschreibung ganz oben und als erste Wörter den Text »Impressum: www.IHR-UNTERNEHMEN.com/impressum« ein. Achtung, damit die mobile Darstellung funktioniert, müssen Sie zusätzlich die Darstellung der Kartenanzeige Ihrer Adresse deaktiviert haben. Wenn Sie alles richtig gemacht haben, ist nun dieser Link auf mobilen Darstellungen Ihrer Unternehmensseite ganz oben unter der »Gefällt mir«- und »Teilen«-Funktion sicht- und klickbar.

Praxis-Tipp

Achten Sie unbedingt auf die regelmäßig erfolgenden Updates bzw. Umstellungen der Unternehmensseiten durch Facebook. Updates bei Facebook können dazu führen, dass Ihr Impressum, das kurz zuvor noch allen rechtlichen Vorgaben entsprochen hat, plötzlich – z.B. auf mobilen Endgeräten – nicht mehr korrekt abgebildet wird.

Antrag auf Herstellung des Gedenkzustands

Bitte verwende dieses Formular, um das Versetzen des Kontos einer verstorbenen Person in den Gedenkzustand zu beantragen. Wir möchten dir unser Beileid aussprechen und danken dir für deine Geduld und dein Verständnis während dieses Prozesses. Hinweis: Unter Strafe des Meineids, ist dieses Formular ausschließlich für das Melden der Chronik einer verstorbenen Person zu verwenden, damit sie in den Gedenkzustand versetzt werden kann.

Vollständiger Name der verstorbenen Person
Wie in dem Konto angegeben

Bitte gib einen Link zu der Chronik an, die du melden möchtest, damit wir die Angelegenheit näher untersuchen können. Benutzer können denselben Namen haben, deshalb hilft uns ein Link zur Chronik dabei, sicherzustellen, dass wir die richtige Person finden. Um den Link zur Chronik zu erhalten, die du melden möchtest, gehe zu dieser Chronik, und kopiere die URL aus der Adressleiste deines Browsers:

Link zu der Chronik, die du melden willst

E-Mail-Adressen, die in dem Konto angegeben sind

Beziehung zu der verstorbenen Person
- ⚪ Unmittelbare Familienangehörige (Partner, Eltern, Geschwister, Kinder)
- ⚪ Erweiterte Familie (Großeltern, Tante, Onkel, Cousin/e)
- ⚪ Kein Familienmitglied (FreundIn, ArbeitskollegIn, KlassenkameradIn)

Wann ist die Person verstorben?
+ Jahr hinzufügen

Todesnachweis
z. B. ein Link (URL) zu einem Nachruf oder Zeitungsartikel

Erforderliche Handlung
⚪ Konto in Gedenkzustand versetzen

Deine Kontakt-E-Mail-Adresse

Senden

Exkurs: Gehört das Profil auch den Erben?

Über das eigene Ableben macht man sich in der Regel – vor allem in jungen Jahren – kaum Gedanken. Vermutlich hat auch nur ein Bruchteil aller Facebook-Nutzer überhaupt ein Testament. Erst recht ist wohl kaum jemand darauf vorbereitet, was mit einem Social-Network-Account nach dem eigenen Tod passieren soll. Aber wie ist die Rechtslage: Wer darf auf einen Account zugreifen, wenn ein Nutzer verstirbt?

Hier gelten für den Bereich Social Media – und damit auch für einen Facebook-Account – genau genommen keine rechtlichen Besonderheiten, denn wie bei jedem anderen Erbfall auch gilt hier das Prinzip der sogenannten **Universalsukzession**. Das bedeutet, dass die Erben eines Verstorbenen in alle Rechte und Pflichten des Verstorbenen eintreten. Denn die Registrierung bei Facebook ist rein rechtlich nur ein Vertrag zwischen Facebook und dem Nutzer über die kostenfreie Zurverfügungstellung von Webspace unter Einhaltung bestimmter Regeln (zu den Nutzungsbedingungen siehe Seite 29 ff.). Damit steht den Erben eines verstorbenen Mitglieds das Recht zu, auf einen Account zuzugreifen. Um das gegenüber Facebook nachzuweisen, müssen Erben im Zweifel eine Sterbeurkunde bzw. einen Erbschein vorlegen.

Von Bedeutung ist die Frage über die Rechtsnachfolge bei einem Online-Account auch, wenn der Inhaber des Accounts z.B. wegen einer Urheberrechtsverletzung von Dritten in Anspruch genommen wird und sich nun die Erben gegen diesen Anspruch verteidigen müssen.

Als Account-Inhaber sollte man sich Gedanken dazu machen, wie man mit dem Zugang zu diversen Portalen im Fall des eigenen Todes umgehen will. Eine **Passwortliste**, auf die nach dem eigenen Tod ein Vertrauter zugreifen kann und die eventuell sogar Anweisungen zum Umgang mit diesem Thema enthält, kann Erben den Umgang mit diesem Problem durchaus erleichtern. Als Erbe sollte man die Risiken kennen und abwägen, wenn man den Account eines Verstorbenen weiterbetreibt. Unter Umständen kann es ratsam sein, den Account nach einer angemessenen Zeit zu deaktivieren.

1 Tag auf Facebook

| **665**
Millionen
aktive Nutzer | **4,75**
Milliarden
geteilte Fotos,
Videos und
Texte | **665**
Milliarden
»Gefällt mir«
Angaben |

Kapitel 3 | Nutzung von Inhalten

Tagtäglich werden auf Facebook mehr als 4,75 Milliarden Inhalte von Nutzern geteilt. Privatpersonen, aber auch Unternehmen stellen häufig Inhalte aller Art (Fotos, Videos, Texte, etc.) in soziale Netzwerke ein, ohne die Rechte an den eingestellten und geteilten Inhalten vor deren Verbreitung zu klären. Dabei ist es den Nutzern oft gar nicht bewusst, wenn sie mit diesen Inhalten beispielsweise Urheber- und Persönlichkeitsrechte anderer Personen verletzen.

Aufgrund der großen Masse der täglich geteilten Inhalte in sozialen Netzwerken bleiben zwar viele Rechtsverletzungen unentdeckt, die Zahl der Gerichtsverfahren (zum Beispiel mit Rechteinhabern wegen Urheberrechtsverletzungen oder mit Konkurrenzunternehmen wegen Wettbewerbsverstößen) steigt jedoch stetig an. Die meisten dieser Verfahren haben geteilte Inhalte zum Gegenstand.

Nicht nur Fans oder ganze Facebook-Seiten, Geld, Zeit und Aufwand stehen auf dem Spiel, sondern auch – und das ist noch wesentlich schlimmer – der Ruf Ihres Unternehmens am Markt oder der Ruf Ihrer Person in Ihrem Netzwerk. Durch einen **bewussteren Umgang mit Inhalten auf Facebook** bzw. gegebenenfalls durch den Erwerb von Rechten und Lizenzen können Sie Rechtsverletzungen umgehen und somit langwierige Gerichtsverfahren vermeiden.

Überblick Rechtsgüter

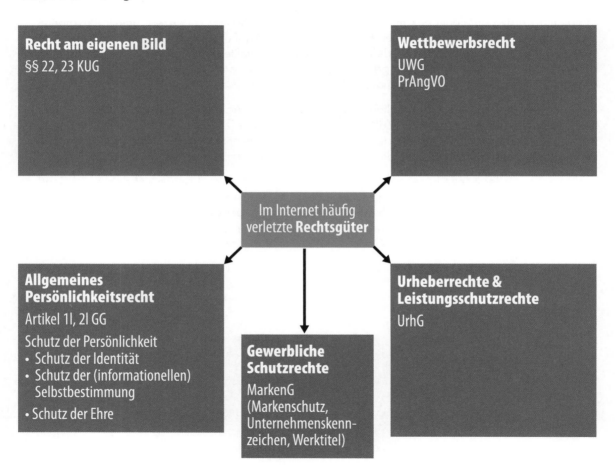

Recht am eigenen Bild
§§ 22, 23 KUG

Wettbewerbsrecht
UWG
PrAngVO

Im Internet häufig
verletzte **Rechtsgüter**

**Allgemeines
Persönlichkeitsrecht**
Artikel 1I, 2I GG
Schutz der Persönlichkeit
• Schutz der Identität
• Schutz der (informationellen)
  Selbstbestimmung
• Schutz der Ehre

**Gewerbliche
Schutzrechte**
MarkenG
(Markenschutz,
Unternehmenskenn-
zeichen, Werktitel)

**Urheberrechte &
Leistungsschutzrechte**
UrhG

Häufig verletzte Rechtsgüter

Das Internet ist kein rechtsfreier Raum. Über dieses Medium werden tagtäglich eine Vielzahl von Rechten verletzt. Dabei handelt es sich zum Beispiel um:

- das Recht am eigenen Bild (§§ 22, 23 KUG)
- das Wettbewerbsrecht (UWG, PrAngVO)
- Urheberrechte & Leistungsschutzrechte (UrhG)
- Gewerbliche Schutzrechte (MarkenG mit Unternehmenskennzeichnung und Werktiteln)
- Allgemeines Persönlichkeitsrecht (Art 1 Abs. 1 i.V.m. Art. 2 I GG): Schutz der Persönlichkeit, der Identität, der informationellen Selbstbestimmung sowie der Ehre

Wie Sie sehen, sind also gleich eine Vielzahl von Rechtsgütern aus den verschiedensten Rechtsgebieten möglicherweise betroffen, wenn Sie etwas mit Inhalten auf Facebook anstellen. Dabei kommt es übrigens nicht darauf an, ob Sie selbst diese Inhalte direkt einstellen (hochladen) oder lediglich Inhalte weiterteilen, die Dritte vor Ihnen eingestellt haben, oder auch nur auf Inhalte verlinken, die außerhalb von Facebook stehen und dabei Vorschaubilder und Vorschautexte von diesen Seiten auf Facebook erzeugt werden. All diese Vorgänge können rechtlich eine Rolle spielen.

Überblick Rechteinhaber

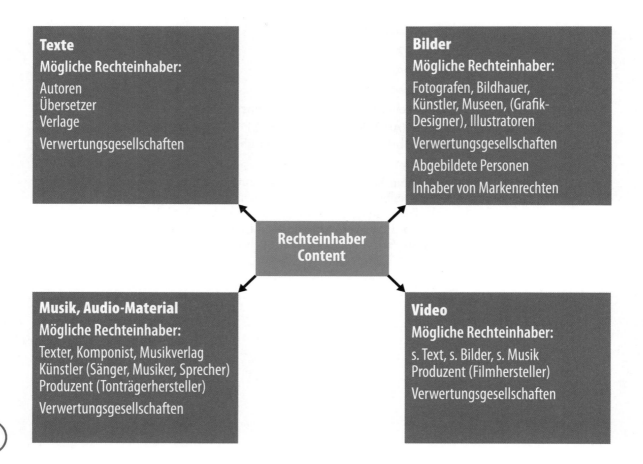

Texte
Mögliche Rechteinhaber:
Autoren
Übersetzer
Verlage

Verwertungsgesellschaften

Bilder
Mögliche Rechteinhaber:
Fotografen, Bildhauer, Künstler, Museen, (Grafik-Designer), Illustratoren

Verwertungsgesellschaften

Abgebildete Personen

Inhaber von Markenrechten

Rechteinhaber Content

Musik, Audio-Material
Mögliche Rechteinhaber:
Texter, Komponist, Musikverlag
Künstler (Sänger, Musiker, Sprecher)
Produzent (Tonträgerhersteller)

Verwertungsgesellschaften

Video
Mögliche Rechteinhaber:
s. Text, s. Bilder, s. Musik
Produzent (Filmhersteller)

Verwertungsgesellschaften

Überblick über die möglichen Rechteinhaber

Bilder (egal ob Fotos, Zeichnungen, Grafiken etc.), **Texte**, **Videos**, **Audio-Material** und fremde **Marken** dürfen in sozialen Netzwerken wie Facebook in aller Regel nur mit Zustimmung der Rechteinhaber verwendet werden. Oft gibt es gleich mehrere Rechteinhaber. Bei einem Foto können das zum Beispiel Fotograf, Bildagentur, Verwertungsgesellschaft, abgebildete Personen, bei abgebildeten Marken Inhaber von Markenrechten, bei abgebildeten Gebäuden unter Umständen Inhaber eines Hausrechts sein etc. Bei Videos treten die Produzenten (Filmhersteller) als weitere mögliche Rechteinhaber hinzu, und bei Texten können es etwa Autoren, Übersetzer, Verlage oder Verwertungsgesellschaften sein.

Praxis-Tipp

Prüfen Sie im Zweifel umfassend, **ob Sie für die Verwendung eines Inhalts auf Facebook kostenpflichtig Rechte an dem Inhalt einholen müssen** oder nicht (z.B. nicht bei Inhalten unter einer Creative Commons Lizenz oder durch Sie selbst erstellten Zeichnungen). Prüfen Sie dann, ob Sie alle für den beabsichtigten Verwendungszweck zu klärenden Rechte vollständig **von allen Rechteinhabern** eingeholt haben. Beispielsweise ist es nicht ausreichend, die Rechte zur Verwendung eines Fotos nur vom Fotografen erhalten zu haben, wenn dieser seinerseits nicht die Rechte der abgebildeten Personen (z.B. Models) eingeholt hat. Fragen Sie daher im Zweifel den Fotografen danach.

Urheberrecht

Werke =   jede persönliche geistige Schöpfung

Schutzdauer: 70 Jahre nach dem Tod des Urhebers

Leistungsschutzrecht

Leistungen =   Leistungen künstlerischer oder wirtschaftlich-organisatorischer Art

Schutzdauer: 25 bis 50 Jahre nach Veröffentlichung

Welche Inhalte schützt das Urheberrecht?

Das Urheberrecht schützt sogenannte »**Werke**«. Werke sind laut § 2 Abs. 2 UrhG »persönliche geistige Schöpfungen«. Der urheberrechtliche Schutz erfordert eine gewisse Schöpfungshöhe. Ob ein Text, eine Komposition oder ein Foto diese Schöpfungshöhe hat und damit als Werk geschützt ist, wird von der Rechtsprechung anhand von **Individualität** oder **Originalität des Werkes** festgestellt.

In § 2 Abs. 1 UrhG findet sich folgende nicht abschließende Aufzählung von »Werken«:

1. Sprachwerke wie Schriftwerke, Reden und Computerprogramme
2. Werke der Musik
3. Pantomimische Werke einschließlich der Werke der Tanzkunst
4. Werke der bildenden Künste einschließlich der Werke der Baukunst und der angewandten Kunst und Entwürfe solcher Werke
5. Lichtbildwerke einschließlich der Werke, die ähnlich wie Lichtbildwerke geschaffen werden
6. Filmwerke einschließlich der Werke, die ähnlich wie Filmwerke geschaffen werden
7. Darstellungen wissenschaftlicher oder technischer Art wie Zeichnungen, Pläne, Karten, Skizzen, Tabellen und plastische Darstellungen

Urheberrechtlich geschützte Werke haben eine Schutzdauer von 70 Jahren ab dem Zeitpunkt des Todes des Urhebers. Das bedeutet, dass das Urheberrecht an ihnen erst nach diesem Zeitraum erlischt.

Im deutschen Recht gibt es außerdem sogenannte **Leistungsschutzrechte**. Das Entstehen eines Leistungsschutzrechts setzt nicht die persönliche geistige Schöpfung eines Menschen voraus. Geschützt sind vielmehr Leistungen künstlerischer bzw. wirtschaftlich-organisatorischer Art wie z.B. die Organisations- und Investitionsleistung eines Filmproduzenten. Das Urheberrechtsgesetz zählt die geschützten Leistungen abschließend auf, z.B. wissenschaftliche Ausgaben, Lichtbilder, Leistungen ausübender Künstler sowie von Tonträgern, Filmherstellern und Veranstaltern.

Die Schutzdauer dieser Rechte beträgt in der Regel 25 bis 50 Jahre.

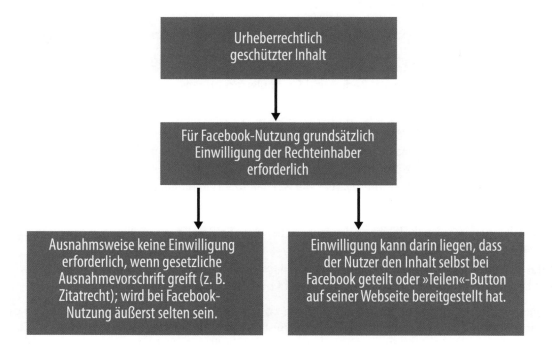

Urheberrechtlich geschützter Inhalt

Für Facebook-Nutzung grundsätzlich Einwilligung der Rechteinhaber erforderlich

Ausnahmsweise keine Einwilligung erforderlich, wenn gesetzliche Ausnahmevorschrift greift (z. B. Zitatrecht); wird bei Facebook-Nutzung äußerst selten sein.

Einwilligung kann darin liegen, dass der Nutzer den Inhalt selbst bei Facebook geteilt oder »Teilen«-Button auf seiner Webseite bereitgestellt hat.

Nutzung urheberrechtlich geschützter Inhalte (Text, Musik, Video, Foto etc.)

Wenn ein Inhalt, den Sie auf Facebook – in welcher Form auch immer – nutzen möchten, urheberrechtlich geschützt ist, heißt das grundsätzlich, dass Sie dafür die **Einwilligung (also die vorherige Zustimmung) des Rechteinhabers bzw. der Rechteinhaber** benötigen.

Häufig lässt sich die erforderliche Einwilligung des Rechteinhabers daraus ableiten, dass dieser seinen eigenen Inhalt auf Facebook »postet«, dies also in vollem Bewusstsein und mit dem Willen tut, dass der Inhalt weitergeteilt und verbreitet wird. Ähnlich stellt sich die Situation dar, wenn ein Internetnutzer eigene Inhalte auf der eigenen Webseite veröffentlicht und diese Webseite mit Facebook Social Plugins, etwa zum Weiterteilen der Inhalte, versehen hat.

Aber Vorsicht, in beiden Fällen können Sie sich der Einwilligung nur dann sicher sein, wenn der Nutzer auch tatsächlich (ausschließlich) eigene Inhalte veröffentlicht hat. Handelt es sich bei dem veröffentlichten Material um Inhalte, die der Nutzer selbst unberechtigterweise veröffentlicht hat, wiederholen Sie die Rechtsverletzung des Nutzers mit jedem »Weiterteilen«.

Ausnahmsweise brauchen Sie keine Einwilligung, wenn eine gesetzliche Sondervorschrift eine Nutzung des Inhalts ohne Einwilligung des Rechteinhabers erlaubt. Eine solche Sondervorschrift ist zum Beispiel das in § 51 UrhG geregelte Zitatrecht, das aber bei der Nutzung von Inhalten, wie sie typischerweise auf Facebook erfolgt, so gut wie nie greift (vgl. dazu Seite 93).

Trotz der Kürze der Tweets können sich auch auf Twitter urheberrechtliche Fragen im Zusammenhang mit Texten stellen.

Welche Arten von Texten sind geschützt?

§ 2 Abs. 1 Nr. 1 UrhG nennt als ersten »Schutzgegenstand des Urheberrechts« die Sprachwerke. Geschützt ist dabei die **konkrete Textfassung**.

Bei belletristischen Werken umfasst das auch inhaltliche Elemente wie beispielsweise die Handlung oder auch die dargestellten Personen. Bei wissenschaftlichen und technischen Texten sind dagegen die Art der Sammlung, die Auswahl, Einteilung und Anordnung des Stoffes (z.B. Tabellen, Vordrucke) geschützt. In der Regel werden auf Facebook natürlich nicht ganze Sprachwerke gepostet – wobei das z.B. bei Gedichten oder Song-Texten durchaus schon einmal der Fall sein kann. Aber auch Ausschnitte von ganzen Werken unterliegen in ihrer konkreten Formulierung dem Schutz des Urheberrechts.

Allerdings ist nicht immer leicht zu entscheiden, ob ein Text urheberrechtlich geschützt ist oder nicht, wenn es sich nicht um einen literarischen Text handelt. So ist es z.B. bei Pressemeldungen, Werbeslogans, Titeln, Interviews, Abstracts, technischen Bedienungsanleitungen, Formularen oder Rezepten nicht immer klar, ob sie urheberrechtlich geschützt sind oder nicht. Um sicherzugehen, sollten Sie im Zweifel von einem Schutz ausgehen.

Auch die Länge des Textes muss nicht immer ausschlaggebend sein: Dass ein Text kurz ist, bedeutet nicht automatisch, dass er nicht urheberrechtlich geschützt ist. Nach einem Urteil des Europäischen Gerichtshofs können bereits 11 Wörter ausreichen, um einen urheberrechtlichen Schutz zu begründen, und mehr als 11 Wörter dürften Facebook-Beiträge sehr häufig haben. Das Landgericht München hat beispielsweise entschieden (Az. 7 O 8226/11), dass der Sinnspruch »Mögen hätte ich schon wollen, aber dürfen habe ich mich nicht getraut« von Karl Valentin urheberrechtlich geschützt ist. Der Hintergrund der Entscheidung: Auch wenn der Text nur aus wenigen Worten besteht, handelt es sich um eine höchst kreative Leistung in Form einer Verkomplizierung durch bayerische Wortakrobatik.

Tweets des Tages

WELT KOMPAKT

Dieser Artikel erschien in
der Zeitung
WELT KOMPAKT.

Urteilsverkündung gegen #Nawalny, nächster Akt im absurden Theater.
Und der ganze Saal twittert... **Medienmann**

Asyl für #Snowden, Lagerhaft für #Nawalny. Wirf die Gläser an die
Wand, #Russland ist ein schönes Land! Hey! **christiansoeder**

Schutz von »Tweets« und »Posts«

Interessant ist eine Debatte über den urheberrechtlichen Schutz von (Twitter-)»Tweets«, die ja bekanntermaßen auf 140 Zeichen beschränkt und damit von Natur aus an der Grenze zur Schutzfähigkeit angesiedelt sind. So kam die Frage der Schutzfähigkeit von Tweets beispielsweise auf, als die Tageszeitung »Welt-Kompakt« in ihrer Rubrik **»Tweets des Tages"** Tweets aus dem Internet in Printform veröffentlichte. Immer wieder beschwerten sich Twitter-Nutzer über die Benutzung Ihrer Tweets und drohten teilweise mit rechtlichen Schritten. Hier konnte man im Einzelfall rechtliche Schritte durchaus auf die Schutzfähigkeit des Tweets nach dem Urheberrecht und eine fehlende Nutzungserlaubnis stützen, wenn die Tweets nicht vollkommen banal – also wenn sie ausreichend kreativ – waren.

Die gleiche Frage könnte sich auch stellen, wenn (kurze) Facebook-Kommentare oder »Posts« von einem Print-Medium abgedruckt werden. Bei ausreichender Schöpfungshöhe können solche Posts durchaus urheberrechtlichem Schutz unterliegen. Wann dies der Fall ist, ist aber natürlich eine Einzelfallfrage.

Die Problematik zeigt gleichzeitig, dass man selbst bereits bei der Verwendung sehr kurzer Texte im Rahmen eines Posts in Konflikt mit dem Urheberrecht kommen kann. Ein Umstand, dem man sich bei der Verwendung fremder Texte in Facebook-Posts (Songtext-Zitat, sogenannte Kalendersprüche etc.) – immer bewusst sein sollte.

Praxis-Tipp

Wenn Sie privat kurze zitierte Textpassagen posten wollen, denken Sie daran: Ist der »Schöpfer« mehr als 70 Jahre tot, ist das immer möglich – also z.B. bei Klassikern wie Goethe, Schiller oder Shakespeare. Ist der Autor nicht länger als 70 Jahre tot, wird es ab ca. 11 Wörtern kritisch mit dem Schutz nach dem UrhG. Ganz kurze Zitate sind aber meistens nicht geschützt. Nutzen Sie ein übersetztes Zitat – z.B. von einem Urheber aus Amerika – ist die Wahrscheinlichkeit, rechtlich verfolgt zu werden, wohl geringer als bei einem deutschen Urheber.

ZDF heute
5. Januar

Arme #Selbstständige: Vor allem Ein-Mann-Unternehmen erreichen nicht mal #Mindestlohn-Niveau. Und von den Einzelkämpfern gibt es immer mehr. Lohnt sich Kleinunternehmertum heute überhaupt noch?

Unternehmensgründer sind oft Einzelkämpfer
Selbstständige mit und ohne Beschäftigte (in Millionen)

	ohne Mitarbeiter	mit Mitarbeitern
1980	1,18	1,25
1990	1,20	1,40
2000	1,85	1,80
2010	2,40	1,80

■ ohne Mitarbeiter ■ mit Mitarbeitern

Jeder vierte Selbstständige unter Mindestlohn

Rund 1,1 Millionen Selbstständige haben 2012 weniger als 8,50 Euro pro Stunde verdient. Das Deutsche Institut für Wirtschaftsforschung (DIW) hat im Auftrag einer Zeitung errechnet, dass das jeder vierte Selbstständige ist - meist handele es sich...

HEUTE.DE | VON ZWEITES DEUTSCHES FERNSEHEN (ZDF)

Gefällt mir · Kommentieren · Teilen

👍 168 Personen **gefällt das**.

↪ 73 mal geteilt

💬 Vorherige Kommentare anzeigen 48 von 92

Schutz von Fakten und das Zitatrecht

Zwar fallen Fakten grundsätzlich nicht unter den urheberrechtlichen Schutz von Sprachwerken, jedoch kann der **konkrete Text selbst** (in dem die Fakten enthalten sind) vom urheberrechtlichen Schutz erfasst sein. Zum Beispiel besteht – selbstverständlich – kein Urheberrechtsschutz an den konkreten Zahlen eines Wahlergebnisses (z.B. »CDU: 34,1 Prozent etc.«) oder bestimmten Untersuchungsergebnissen (»Jeder vierte Selbständige unter Mindestlohn«), an dem Text, der das Wahl- oder Untersuchungsergebnis beschreibt und kommentiert, hingegen möglicherweise schon. Je länger ein übernommener Text ist, in dem die Fakten enthalten sind, umso wahrscheinlicher ist es, dass der Text unabhängig von den Fakten Schöpfungshöhe erreicht und damit schutzfähig ist.

Texte unterliegen einer besonderen Ausnahmeregelung – dem **Zitatrecht (§ 51 UrhG)**. Das Zitatrecht ist eine Ausnahme von der Pflicht, vom Urheber des Textes die Erlaubnis zur Benutzung seines Textes einzuholen. Allerdings sind an diese Ausnahme gesetzliche Anforderungen geknüpft, die den wenigsten bekannt sind: Es reicht nicht aus, den Urheber und die Fundstelle des Textes zu nennen. Zusätzliche Voraussetzung ist, dass dem Zitat eine sogenannte **Belegfunktion** zukommt. Das bedeutet, dass der Inhalt des Zitats erläutert werden muss, dass man einen kritischen oder interpretierenden Bezug zu dem Zitat herstellen und das Zitat als Stütze für den eigenen Standpunkt heranziehen muss. Ohne eine inhaltliche Auseinandersetzung mit dem Zitat kann man sich nicht auf das Zitatrecht berufen. Das bloße »Abbilden« eines Zitats ohne inhaltlichen Bezug stellt also in der Regel eine Verletzung des Urheberrechts dar, wenn man dafür nicht die Erlaubnis des Urhebers oder seines Verlages hat.

Praxis-Tipp

Bei der üblichen Verwendung von Inhalten auf Facebook, bei der es typischerweise einfach darum geht, Ihrem Netzwerk schnell etwas mitzuteilen, was Sie selbst im Internet gesehen haben, wird die Ausnahmevorschrift des Zitatrechts des § 51 UrhG **so gut wie nie** greifen, weil Sie sich meistens nicht ausreichend mit dem Zitat auseinandersetzen. Ist das »Zitat« aber kurz genug und erreicht deshalb keine Schöpfungshöhe, drohen ohnehin keine Probleme.

Bild/Foto

Urheberrecht bzw.
Leistungsschutzrecht des

- Fotografen
- Illustrators
- Designers

Motiv

- Urheberrecht z.B. eines
  abgebildeten Kunstwerks,
  Bauwerks, Fotos etc.

- Persönlichkeitsrecht einer
  abgebildeten Person

- Markenrecht an einer
  abgebildeten Marke

Rechte an Bildern und Fotos

Das Teilen von Fotos und Bildern ist sowohl unter Privatpersonen als auch im unternehmerischen Bereich auf Facebook besonders beliebt. Bilder und Fotos wecken mehr Emotionen als bloße Texte und führen erwiesenermaßen zu mehr Interaktionen, Kommentaren, »Likes« etc.

Aus rechtlicher Sicht ist bei Bildern bzw. Fotos **strikt zu trennen zwischen dem Bild/Foto selbst und dem darauf abgebildeten Motiv**:

1. Das Bild/Foto selbst ist als Werk des Fotografen/Illustratoren/Designers durch das Urheberrecht geschützt.

2. Das abgebildete Motiv kann seinerseits durch das Urheberrecht (z.B. bei abgebildeten Kunstwerken, Bauwerken oder Fotos), durch das Persönlichkeitsrecht (bei abgebildeten Personen) oder durch das Markenrecht (bei einem auf einem Bild/Foto abgebildeten Markenlogo) geschützt sein.

Je nach Quelle des Bildes bzw. Fotos besteht ein unterschiedlich hohes Risiko, die genannten Rechte zu verletzen. Wenn Sie ein Foto selbst aufgenommen haben, sind Sie auch dessen Urheber. Rechtliche Probleme entstehen hier folglich allenfalls wegen des Motivs.

Auch ein solcher Schnappschuss ist urheberrechtlich geschützt (Foto: Elisabeth Reinisch).

Rechte an Bildern und Fotos (Forts.)

Wenn Sie das **Bild eines Dritten** (z.B. eines Fotografen) verwenden, ist dieses in der Regel urheberrechtlich geschützt und Sie benötigen die entsprechenden Rechte, wenn Sie das Bild verwenden möchten. Bei Fotos gilt dies auch dann, wenn die urheberrechtliche Schöpfungshöhe nicht erreicht wird (vgl. dazu Seite 95). Denn selbst wenn ein Fotograf kein Urheberrecht an einem Foto geltend machen kann, weil das Bild nicht die erforderliche Schöpfungshöhe hat, steht ihm dennoch ein Leistungsschutzrecht an diesem Bild nach § 72 UrhG zu. Diese Vorschrift sorgt dafür, dass auch »Lichtbilder« rechtlich geschützt werden, die keine Werke (»Lichtbildwerke«) sind. Kurz gesagt: **Geschützt ist jeder Schnappschuss!**

Auf diesem Wege gelangt also jedes halbscharfe Partybild der letzten Nacht oder das einfache Foto von einem Geburtstagskuchen auf dem Tisch zu urheberrechtlichem Schutz.

Praxis-Tipp

Fotos, die andere gemacht haben, **einfach aus dem Internet zu »ziehen«** und ohne vorherige Zustimmung des »Fotografen« auf Facebook zu verwenden – **davon ist dringend abzuraten!** Dagegen dürfen Bilder, die z.B. bei Wikipedia kostenfrei unter der Creative Commons Lizenz zum Download bereit stehen oder bei Bilderportalen wie Pixelio kostenlos angeboten werden, in der Regel ohne zusätzliche und ausdrückliche Zustimmung der Fotografen verwendet werden. Aber Achtung: Sie müssen hier besonders genau darauf achten, wo und wie Sie den Urheber (Fotografen), die Quelle und die Lizenzbedingungen nennen müssen. Den Hinweis hierzu finden Sie in den jeweiligen AGB bzw. Nutzungsbedingungen. Außerdem kann es auch hier dazu kommen, dass ein Nutzer auf den genannten Seiten Fotos einstellt, an denen er selbst gar keine Rechte hat. Nicht vorhandene Rechte können dann auch nicht an Sie übertragen werden!

Stets unzulässig	**Intimsphäre** Gedanken, Gefühle, Sexualität
In der Regel unzulässig	**Privatsphäre** häuslicher und familiärer Bereich
In der Regel zulässig	**Sozialsphäre** berufliche, politische, ehrenamtliche Tätigkeit
Schwächster Schutz	**Öffentlichkeitssphäre** (Bewusste Zuwendung des Einzelnen an die Öffentlichkeit)

Auch wahre Tatsachenaussagen können das Persönlichkeitsrecht verletzen! Ob dies der Fall ist, hängt maßgeblich davon ab, welche persönliche Sphäre einer Person durch die Aussage betroffen wird.

Was schützt das Persönlichkeitsrecht?

Der allgemeine Persönlichkeitsschutz wird aus Art. 1 Abs. 1 (Menschenwürde) in Verbindung mit Art. 2 Abs. 1 Grundgesetz (freie Entfaltung der Persönlichkeit) abgeleitet. Relevant wird dieser Schutz besonders bei **Abbildungen einer Person** (d.h. Fotos) sowie bei **Aussagen über eine Person oder ein Unternehmen** (d.h. Texten). Beachten Sie: Auch Unternehmen haben ein sogenanntes **Unternehmenspersönlichkeitsrecht**, das den sozialen Geltungs- und Achtungsbereich des Unternehmens schützt.

Bei Texten über eine Person oder ein Unternehmen müssen Sie unterscheiden zwischen:

- **Tatsachenbehauptungen**: Das sind solche Aussagen, die dem Beweis zugänglich, die also nachweisbar bzw. überprüfbar sind (z.B. »Die Laufzeit des Akkus beträgt 6 Stunden«).
- **Meinungsäußerungen**: Dabei handelt es sich um Aussagen, die nicht dem Beweis zugänglich sind, sondern eine persönliche Meinung ausdrücken (z.B. »Ich finde, das Gerät hat keinen guten Akku«).

Unwahre Tatsachenbehauptungen sind fast immer unzulässig. Die Mitteilung wahrer Tatsachen ist dagegen in aller Regel rechtlich unproblematisch. Ausnahmen bestehen etwa für bestimmte (wahre) Äußerungen, die eine genannte Person in ihrer Intimsphäre betreffen. Beispielsweise wäre es unzulässig, auf Facebook zu posten, dass das Ergebnis eines Schwangerschaftstests einer Person positiv ist, auch wenn dies den Tatsachen entspricht. Meinungsäußerungen sind in der Regel zulässig, finden ihre Grenze aber in der sogenannten **»Schmähkritik«**. Diese Form der Kritik stellt nicht mehr die Auseinandersetzung in der Sache, sondern die Diffamierung einer Person in den Vordergrund. Eine bloß überzogene oder ausfällige Kritik macht allerdings für sich genommen eine Äußerung noch nicht zur Schmähung. Die Abgrenzung kann im Einzelfall schwierig sein. Typisches Beispiel für Schmähkritik ist die Beleidigung durch Schimpfworte (»ausgemolkene Ziege«, »Halsabschneider« o.ä.).

Ein Foto des verstorbenen Otto von Bismarck löste eine Diskussion darüber aus, ob und wann man eine Person fotografieren und die Fotografien nutzen darf. Foto: Bismarck –

Rechte der auf Fotos abgebildeten Personen

Das Kunsturhebergesetz (KUG) enthält ebenfalls Regelungen, die auf das allgemeine Persönlichkeitsrecht zurückzuführen sind und die das sogenannte »**Recht am Bild**« schützen. Man sagt, die Entstehung des Kunsturhebergesetzes sei zurückzuführen auf eine Aktion zweier Fotografen, die sich in das Sterbezimmer des ehemaligen Reichskanzlers Otto von Bismarck schlichen, um dort heimlich Fotos von ihm zu schießen und zu veröffentlichen. Nach damaligem Recht konnten die Fotografen nur wegen Hausfriedensbruchs verurteilt werden, nicht aber wegen der Verbreitung des erstellten Fotos selbst. Diese Rechtslage wurde mit dem 1907 im KUG verankerten Recht am eigenen Bild zugunsten der abfotografierten Personen geändert.

Gemäß § 22 KUG dürfen Bildnisse **nur mit Einwilligung des Abgebildeten** verbreitet oder öffentlich zur Schau gestellt werden. Die Einwilligung gilt im Zweifel nach § 22 KUG als erteilt, wenn der Abgebildete eine Entlohnung erhalten hat. § 23 KUG enthält eine Reihe von Ausnahmefällen, in denen trotz fehlender Einwilligung der abgebildeten Personen eine Verbreitung erlaubt ist (vgl. dazu unten Seite 103).

Diese Ausnahmen werden ihrerseits allerdings selbst eingeschränkt (»Ausnahme von der Ausnahme«), wenn der Verbreitung das berechtigte Interesse der abgebildeten Person entgegensteht. Auch das besagt § 23 KUG (vgl. dazu unten Seite 107).

Facebook selbst hält den Grundsatz der erforderlichen Einwilligung – mit etwas anderen Worten – ebenfalls in den Nutzungsbedingungen fest. Dort heißt es unter Ziff. 5:

> *1. Du wirst keine Inhalte auf Facebook posten ..., welche die Rechte einer anderen Person oder das Gesetz verletzen.*

> *9. Du wirst Nutzer ohne ihre Einverständniserklärung nicht markieren. [...] Facebook stellt soziale Berichtsfunktionen zur Verfügung, damit die Nutzer Feedback zu Markierungen abgeben können.*

§§

Wann Sie (k)eine Einwilligung benötigen

Voraussetzung eines Bildnisses im Sinne des § 22 KUG ist zunächst, dass die **abgebildete Person darauf erkennbar** ist. Das Recht am eigenen Bild spielt daher in denjenigen Fällen keine Rolle, in denen die abgebildete Person nicht erkennbar ist. Es werden jedoch keine besonders hohen Anforderungen an die Erkennbarkeit gestellt. Eine Person kann nicht nur am Gesicht, sondern zum Beispiel auch der Körperhaltung oder der Frisur erkennbar sein. Eine Besonderheit gilt für Aktaufnahmen sowie Bilder von Menschen mit Verletzungen und Krankheiten. Solche Bilder dürfen Sie aufgrund des Eingriffs in die Intimsphäre der abgebildeten Person ohne deren Einwilligung auch dann nicht verwenden, wenn die Person nicht erkennbar ist.

Wenn Sie selbst fotografieren und eine **Einwilligung** von abgebildeten Personen benötigen, sollten Sie diese stets schriftlich einholen und die beabsichtigten Nutzungsarten dabei ausdrücklich festhalten. Sie müssen als Fotograf – aber auch als Facebook-Nutzer, der das Foto von einem Fotografen oder einer Bildagentur erworben hat – beweisen, dass die Einwilligung eingeholt wurde und die beabsichtigte Art der Nutzung des Fotos auf Facebook abdeckt.

Bei **Minderjährigen** benötigen Sie die Einwilligung der Erziehungsberechtigten bzw. Eltern, falls das Kind noch nicht geschäftsfähig ist. Bei beschränkter Geschäftsfähigkeit des Kindes (in der Regel ab 14 Jahren) ist darüber hinaus die Zustimmung des Kindes selbst erforderlich.

Bei den im Folgenden genannten Ausnahmefällen, bei denen keine Einwilligung zur Fotonutzung erforderlich ist (Seite 105 ff.), sollten Sie bedenken, dass es im Zweifel immer besser ist, eine Einwilligungserklärung eingeholt zu haben, als darauf zu vertrauen, dass vielleicht eine bestimmte Ausnahmeregelung gilt.

Wann Sie (k)eine Einwilligung benötigen (Forts.)

Die wohl wichtigste Ausnahme enthält § 23 Abs. 1 Nr. 1 KUG für **Bildnisse aus dem Bereich der Zeitgeschichte**. Die Vorschrift schützt das sogenannte Informationsinteresse der Öffentlichkeit. Damit ist gemeint, dass die Menschen über Ereignisse aus dem Bereich der Zeitgeschichte einschließlich der daran beteiligten Hauptpersonen informiert werden möchten. In diesen Fällen ist eine Bildnutzung ohne Einwilligung des/der Abgebildeten möglich. Seit der sogenannten Caroline-Entscheidung des Europäischen Gerichtshofs für Menschenrechte kommt es dabei nicht mehr darauf an, wie bekannt oder populär die abgebildete Person als solche ist, sondern ob das auf dem Foto abgebildete Ereignis bzw. der abgebildete Vorgang eine zeitgeschichtliche Bedeutung hat. Wenn also eine prominente Person bei einer rein privaten Handlung fotografiert wird, die keine öffentliche Bedeutung hat (zum Beispiel beim Einkaufen), darf das Foto nicht ohne weiteres ohne Einwilligung des abgebildeten Prominenten verbreitet werden. Die sich aus der Rechtsprechung ergebenden Details sind komplex und – wie so oft – einzelfallabhängig.

§ 23 Abs. 1 Nr. 2 KUG enthält eine weitere Ausnahme. Sie gilt für Bilder, auf denen **Personen lediglich als Beiwerk neben einer Landschaft oder sonstigen Örtlichkeit** erscheinen. Das trifft zu, wenn die abgebildete Person aus Sicht des Betrachters des Fotos keine Relevanz für die Aussagekraft des Bildes hat, wenn sie also kaum wahrnehmbar im Hintergrund steht.

§ 23 Abs. 1 Nr. 3 KUG gestattet schließlich unter bestimmten Umständen die Verwendung von Fotos von **größeren Versammlungen und Aufzügen**, weil es faktisch unmöglich wäre, von jedem der Beteiligten eine Einwilligung einzuholen. Damit sind alle öffentlichen Ansammlungen von Menschen gemeint, die den Willen haben, gemeinsam etwas zu tun, also beispielsweise ein Konzert, eine Sportveranstaltung oder eine Demonstration zu besuchen.

Zusätzlich sollten Sie bei Veranstaltungen beachten, dass hier häufig der Veranstalter sämtliche mit der Veranstaltung verbundenen Rechte hat und zum Beispiel, gestützt auf sein Hausrecht, den Fotografen verbieten darf, ohne Akkreditierung Fotos von der Veranstaltung zu erstellen (vgl. dazu Seite 109 ff., insbesondere Seite 111, die Hinweise zum Fotografieren von Orten).

Wann Sie (k)eine Einwilligung benötigen (Forts.)

Obwohl die Veröffentlichung eines Fotos eigentlich ohne Einwilligung zulässig wäre, weil eine der in § 23 Abs. 1 KUG genannten Ausnahmen vorliegt (siehe oben), darf das Bildnis einer Person nach § 23 Abs. 2 KUG dann **nicht veröffentlicht werden, wenn ein berechtigtes Interesse des Abgebildeten der Veröffentlichung entgegensteht.**

Ob das der Fall ist, ergibt eine Abwägung zwischen dem Informationsinteresse der Öffentlichkeit und dem Persönlichkeitsschutz des Abgebildeten. Der Persönlichkeitsschutz überwiegt zum Beispiel, wenn das Bild kommerziell bzw. zu Werbezwecken genutzt wird. Die Nutzung eines Fotos eines Prominenten auf einer Facebook-Unternehmensseite mit dem Ziel, mehr Reichweite für das Unternehmen zu erlangen, wäre eine solche werbliche Nutzung.

Allerdings kann es durchaus sein, dass eine Interessenabwägung zwischen den Interessen der abgebildeten Person und den Interessen des Nutzers zu dem Ergebnis kommt, dass die Veröffentlichung von der betroffenen prominenten Persönlichkeit hingenommen werden muss. Das ist zum Beispiel der Fall, wenn sich die Verwendung des Bildnisses in einer Werbeanzeige satirisch mit einem aktuellen Tagesereignis auseinandersetzt. Ein prominentes Beispiel für einen solchen Fall ist die Verwendung einer Fotografie von Oskar Lafontaine, die in einer Werbeanzeige des Autovermieters Sixt verwendet wurde, in der man sich satirisch mit der damals aktuellen Situation von Lafontaine in der Öffentlichkeit auseinandersetzte. Handelt es sich allerdings um Aufnahmen, die den Abgebildeten über die Maßen herabsetzen, zur Schau stellen oder in ein negatives Licht rücken, überwiegt stets der Persönlichkeitsschutz. Außerdem dürfen Sie keine Abbildungen ohne Einwilligung veröffentlichen, die in die Privat- oder Intimsphäre des Abgebildeten eingreifen (vgl. oben Seite 98).

Praxis-Tipp

Da diese Fälle aber meist juristisch höchst umstritten und daher risikoreich sind, sollten Sie davon absehen, die Grenzen zu testen, und auf die ungenehmigte Verwendung von Abbildungen von Personen verzichten, wenn diese nicht zugestimmt haben.

Unter die sogenannte Panoramafreiheit fallende Aufnahme des Marienplatzes in München (Foto: Lorenz Haidinger)

Rechte an abgebildeten Orten/Locations, Häusern, Kunstwerken und Gegenständen

Auch wenn Fotos Ansichten von bestimmten Häusern, Orten, Kunstwerken oder Gegenständen enthalten, können Rechte Dritter eine Rolle spielen. Gerade wenn etwa **international bekannte Bauwerke** abgebildet werden, gibt es zahlreiche Besonderheiten. Wussten Sie zum Beispiel, dass die Beleuchtung des Eiffelturms bei Nacht in Frankreich urheberrechtlich geschützt ist und dass jeder, der nächtliche Fotos des Eiffelturms kommerziell nutzen möchte, dafür eine kostenpflichtige Genehmigung des französischen Unternehmens »SETE – Illuminations Pierre Bideau« einholen muss?

Bleiben wir aber in Deutschland: Hier gilt der Grundsatz, dass für Aufnahmen, die nicht vom öffentlichen Raum (also nicht von öffentlich frei zugänglichen Standorten) aus erstellt werden, die Genehmigung der Rechteinhaber erforderlich ist.

Ausnahmsweise ist also keine Genehmigung der Rechteinhaber erforderlich bei Fotografien von Werken, die sich dauerhaft an öffentlichen Plätzen befinden. Diese Ausnahme ist in § 59 Abs. 1 UrhG (sogenannte **»Panoramafreiheit«**) geregelt. Danach dürfen Fotos mit urheberrechtlich geschützten Bauwerken dann als Motiv verwendet werden, wenn das Motiv von einem öffentlich zugänglichen Platz aus fotografiert wurde.

Wer durch ein Gartentor hindurchgehen oder über einen Zaun klettern muss, um ein Foto zu erstellen, fotografiert nicht mehr von einem öffentlich zugänglichen Platz aus.

Rechte an abgebildeten Orten/Locations, Häusern, Kunstwerken und Gegenständen (Forts.)

Das ist zum Beispiel dann nicht der Fall, wenn das Foto aus einem nicht öffentlich zugänglichen Innenhof heraus erstellt wurde und Sie dafür durch ein Gartentor hindurch oder gar über einen Zaun klettern mussten.

Es ist auch dann nicht der Fall, wenn das Bild von einem Fenster des Nachbarhauses gegenüber aus aufgenommen wurde. Für Sie als Nutzer des Fotos ist das deshalb problematisch ist, weil Sie es auf dem Foto selbst nicht immer erkennen können.

Der Grundsatz gilt auch für Kunstwerke, die sich im öffentlichen Raum befinden (z.B. Skulpturen). Entscheidend ist dabei, dass die Werke sich dauerhaft (das Gesetz sagt »bleibend«) an öffentlichen Plätzen befinden. Der von Christo und Jeanne-Claude verhüllte Reichstag etwa befand sich nicht »bleibend« in dieser Form an einem öffentlichen Ort, weil er nur vorübergehend verhüllt war. Eine ungenehmigte gewerbliche Nutzung von Bildern des verhüllten Reichstages auf einer Facebook-Seite wäre daher nicht zulässig.

Da die Panoramafreiheit immer dann endet, wenn Sie sich auf Privatgrundstücken aufhalten, müssen Sie sich etwa in Zoos, auf Sportanlagen, in Bahnhöfen, auf Flughäfen und in Parks etc. sehr genau informieren, was zulässig ist und was nicht. Selbst wenn Sie sich in einem Bereich bewegen, der eigentlich öffentlich zugänglich ist, der aber bestimmten Nutzungs- und Zugangsbedingungen unterliegt, darf der Eigentümer die ungenehmigte kommerzielle Nutzung von Fotos untersagen (zum Beispiel in einer Parkordnung). Das Eigentumsrecht und die Bestimmungen in einer Nutzungsordnung des Eigentums können Sie also unabhängig von der Panoramafreiheit in der Verwendung Ihrer Fotos einschränken.

Jedes Teilen eines Textes, Fotos, Videos etc. kann rechtliche Folgen haben. Die Frage, die sich dann oft stellt, ist: Wer haftet überhaupt für die begangenen Rechtsverletzungen?

Kapitel 4 | Haftung für Inhalte

Nachdem Sie im vorangegangenen Kapitel erfahren haben, wie viele mögliche Rechte und Rechteinhaber es an Texten, Fotos, Videos, Musik etc. geben kann, richten wir nun unseren Blick auf die Frage der Haftung für diese Inhalte. Wir beschäftigen uns also mit der Frage, wer rechtlich verantwortlich gemacht werden kann, wenn Rechte an geschützten Inhalten wie Texten, Fotos und Co. auf Facebook verletzt werden.

Dabei ist es wichtig zu bedenken, dass für jeden Inhalt, der auf Facebook gepostet wird, grundsätzlich mehrere Personen bzw. Unternehmen haften können:

- der Postende (also der Verfasser des Inhalts) selbst,
- der Seitenbetreiber einer Unternehmensseite bzw. der Profil-Inhaber eines privaten Profils (wenn ein Dritter den Inhalt auf der Timeline der Unternehmensseite bzw. des privaten Profils postet) und
- Facebook als Plattformbetreiber.

Diese drei Personen bzw. Unternehmen können eventuell bei Rechtsverletzungen unabhängig voneinander zur Verantwortung gezogen werden.

Allerdings sind die Voraussetzungen für eine Haftung unterschiedlich und es muss immer jeder Einzelfall betrachtet werden!

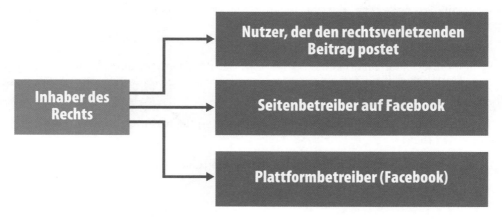

Je nach Fallkonstellation kann, wer durch einen Beitrag auf Facebook in seinen Rechten verletzt ist, gegen denjenigen rechtlich vorgehen, der den Beitrag gepostet hat, oder gegen denjenigen, auf dessen Seite der Beitrag erscheint, oder sogar gegen Facebook selbst.

Eigene oder fremde Inhalte

Für **eigene Inhalte** (also Inhalte, die Sie selbst posten), haften Sie bei Rechtsverletzungen direkt und unmittelbar, zum Beispiel für

- Urheberrechtsverletzungen
- Verletzung des Persönlichkeitsrechts oder des Rechts am eigenen Bild
- Markenrechtsverletzungen
- Straftaten / Ordnungswidrigkeiten

Für **fremde Inhalte**, die Dritte auf Ihrer Seite posten, haften Sie dagegen nur unter bestimmten weiteren Voraussetzungen (vgl. dazu die Grundsätze der sogenannten **Störerhaftung** auf Seite 127). Die Abgrenzung zwischen eigenen und fremden Inhalten ist daher sehr wichtig.

Außerdem gibt es noch eine weitere Kategorie von Inhalten, die quasi genau zwischen eigenen und fremden Inhalten liegt: die sogenannten **zu eigen gemachten Inhalte**.

Beim »Zu-eigen-machen« nehmen Sie ursprünglich fremde Inhalte (also solche, die Dritte gepostet haben) sozusagen in Ihren eigenen Willen auf. Aus der Sicht eines objektiven Facebook-Nutzers zeigen Sie durch Ihr Verhalten, dass Sie mit diesen Inhalten auf Ihrer Facebook-Seite einverstanden sind. Daher werden zu eigen gemachte Inhalte eigenen Inhalten gleichgestellt und Sie haften dafür gleichermaßen!

Im Einzelfall kann die Abgrenzung schwierig sein, wie die nachfolgenden Beispiele zeigen.

Beispiel einer persönlichkeitsverletzenden Statusmeldung

Beispiel für Abgrenzung zwischen eigenen, zu eigen gemachten und fremden Inhalten

Im Einzelfall kann es schwierig sein, festzustellen, ob es sich um eigene bzw. zu eigen gemachte oder fremde Inhalte handelt. Beispielhaft zeigt dies der folgende Fall: Auf einer Facebook-Unternehmensseite wird die folgende ehrverletzende Äußerung bzw. Beleidigung gepostet: »Facebook-Nutzerin XY sieht aus wie eine ausgemolkene Ziege, bei deren Anblick die Milch sauer wird.« Wie ist diese Äußerung zu bewerten?

- Eigener Eintrag: Wenn Sie selbst die Beleidigung posten, handelt es sich natürlich um Ihren eigenen Inhalt.
- »Weitergeteilte« Beleidigung eines anderen Nutzers: Wenn Sie eine Beleidigung, die ein Dritter (anderer Facebook-Nutzer) geäußert hat, weiterteilen, handelt es sich um den Inhalt des Dritten. Zugleich handelt es sich aber auch um einen Inhalt, den Sie sich zu eigen gemacht haben – Sie selbst entscheiden ja, diesen Inhalt auf Ihrer eigenen Seite zu veröffentlichen.
- Beleidigung durch einen anderen Nutzer auf Ihrer Unternehmensseite: Der Beitrag ist zunächst eigener Inhalt des anderen Nutzers und damit ein fremder Inhalt für Sie.
- »Kommentierte« Beleidigung: Wenn Sie als Seitenbetreiber die Beleidigung eines anderen Nutzers kommentieren, geben Sie zu erkennen, dass Sie deren Inhalt gelesen, überprüft und daraufhin nicht gelöscht haben, also damit einverstanden sind. Damit haben Sie sich die Beleidigung zu eigen gemacht.
- Verlinkung auf eine Seite mit einer solchen Äußerung: Es ist eine Unterscheidung im Einzelfall vorzunehmen: Bei einem zustimmenden Kommentar im Rahmen der Verlinkung kann man auf jeden Fall davon ausgehen, dass man sich die Äußerung zu eigen macht.

Beispiel für ein bei Facebook gepostetes YouTube-Video

Beispiel für Abgrenzung zwischen eigenen, zu eigen gemachten und fremden Inhalten (Forts.)

Auch am Beispiel von YouTube-Vidos kann die Abgrenzung zwischen eigenen, zu eigen gemachten und fremden Inhalten recht gut verdeutlicht werden. Ob ein eigener bzw. ein zu eigen gemachter oder ein fremder Inhalt vorliegt, hängt auch hier von den verschiedenen Personen bzw. deren jeweiligem Verhalten ab:

- Uploader: Für den Uploader sind die YouTube-Videos ein eigener Inhalt.
- YouTube: Für YouTube sind die Videos kein zu eigen gemachter Inhalt (so zumindest das LG Hamburg, Urteil vom 20.04.2012, Az. 310 O 461/10, das vor allem darauf abstellt, dass keine inhaltliche Überprüfung der Videos durch YouTube stattfindet, bevor diese online gestellt werden).
- Eigenes Einstellen auf einer Facebook-Seite: Wer YouTube-Videos auf der eigenen Facebook-Seite einstellt, macht sie sich zu eigen.
- Posten durch einen Dritten: Wird das Video durch andere Dritte auf der eigenen Seite gepostet, ist das ein zu eigen gemachter Inhalt des einbettenden Nutzers und zumindest zunächst ein fremder Inhalt für den Betreiber der Seite. Durch ein »Liken« des geposteten Videos kann das Video zu einem zu eigen gemachten Inhalt werden.

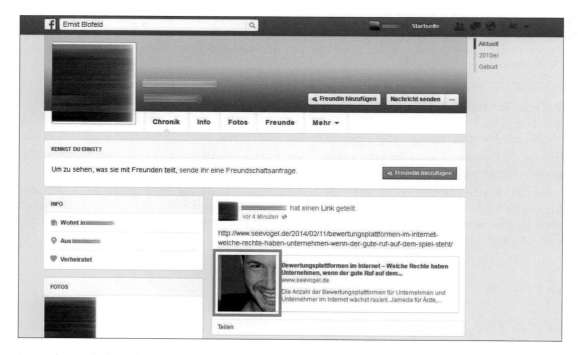

Beispiel eines beim Teilen eines Links erzeugten Vorschaubildes und Vorschautextes

Sonderfall Vorschautexte und -bilder

Der umfassende urheberrechtliche Schutz von Fotos und Texten verursacht **beim Teilen von Links auf Facebook ein zusätzliches Problem**: Facebook zeigt automatisch im Rahmen der Vorschau-Ansicht der verlinkten Seite ein Bild und einen Text an! Daraus ergeben sich einige rechtliche Fragen:

Ist es möglich, eine Urheberrechtsverletzung an einem Foto durch die bloße Nutzung der Facebook-Share-Funktion zu begehen?

Ja. Jede Fotografie ist entweder als urheberrechtliches Werk (§ 2 Abs. 1 Nr. 5 UrhG) oder als Lichtbild (§ 72 UrhG) rechtlich geschützt. Das bedeutet, ein Bild darf nur mit Zustimmung des Urhebers bzw. Erstellers vervielfältigt oder öffentlich zugänglich gemacht werden. Indem das Foto in einem sozialen Netzwerk geteilt und das Vorschaubild angezeigt wird, wird das auf dem Vorschaubild abgebildete Foto von Ihnen vervielfältigt und öffentlich zugänglich gemacht. Dafür benötigen Sie grundsätzlich die Zustimmung des Urhebers bzw. Fotografen.

Gilt die Problematik auch für in der Vorschau wiedergegebene Texte?

Grundsätzlich ja. Sobald ein Text die sog. urheberrechtliche Schöpfungshöhe erreicht hat, ist er schutzfähig und es entsteht das gleiche Problem wie bei Fotos: Auch hier wäre die Zustimmung des Urhebers erforderlich. Je länger und individueller ein Vorschau-Text ist, umso eher ist dies der Fall.

Welche rechtlichen Bereiche können neben dem Urheberrecht noch betroffen sein?

Letztlich kann jede Rechtsverletzung, die »weitergeteilt« wird, eine neue Rechtsverletzung darstellen. Verletzt also der weitergeteilte Inhalt bzw. dessen Vorschau fremde Markenrechte, kann durch das Teilen eine erneute Markenrechtsverletzung begangen werden. Verletzt der Inhalt Persönlichkeitsrechte eines Dritten, werden diese durch jedes Teilen erneut verletzt.

Wenn Sie unsicher sind, ob das angezeigte Vorschaubild Rechte Dritter verletzt, können Sie es durch Klick auf das »X« löschen.

Sonderfall Vorschautexte und -bilder (Forts.)

Was sind die Folgen?

Wer teilt, wird so behandelt, als ob er den Vorschau-Inhalt selbst zum ersten Mal in das soziale Netzwerk eingebracht hätte. Das sollten Sie sich bei jedem Teilen eines Inhaltes vor Augen führen und dann sicherstellen, dass

- Sie die Quelle des Inhaltes (also den Ersteller/Urheber) kennen,
- der Inhalt keine Rechte Dritter verletzt und
- die Quelle der Vervielfältigung und öffentlichen Zugänglichmachung (also dem Weiterverteilen in sozialen Netzwerken) zustimmt.

Das A und O ist also, zunächst die Quelle des Inhalts ausfindig zu machen. Problematisch ist dabei allerdings, dass das nicht immer derjenige ist, der den Inhalt zuletzt geteilt hat, weil auch dieser ihn von einem Dritten übernommen haben kann.

Hafte ich auch, wenn meine Mitarbeiter Inhalte in sozialen Netzwerken teilen?

Wenn dies im Rahmen der Tätigkeit für Ihr Unternehmen geschieht: Ja. Sie sollten sich deswegen umfassend durch Schulungen Ihrer Mitarbeiter im Social-Media-Recht sowie entsprechende Social-Media-Guidelines absichern.

Ist das bloße Setzen von Links unproblematisch?

Ja. Das Setzen von Links allein (ohne Vorschaubilder und -texte! Siehe dazu die vorherigen Seiten!) ist von dieser Problematik nicht betroffen. Links zu setzen ist zulässig.

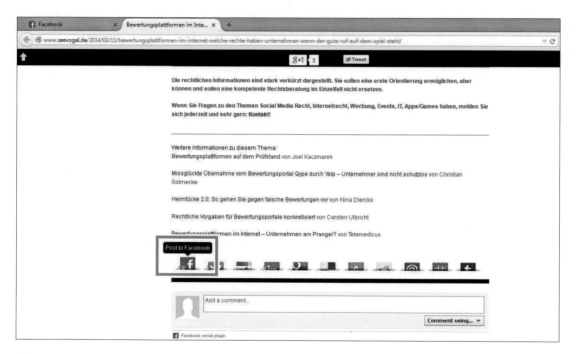

Über Buttons wie diesen können Inhalte von externen Websites direkt auf Facebook geteilt werden.

Sonderfall Vorschautexte und -bilder (Forts.)

Kann ich überhaupt noch Inhalte teilen oder sollte ich es lieber gleich lassen?

Inhalte (mit Bildern!) zu teilen ist eine der wichtigsten Funktionen in sozialen Netzwerken und zur Vermarktung von Unternehmen und deren Botschaften. Darauf zu verzichten, ist natürlich keine Lösung. Sie und Ihre Mitarbeiter sollten aber ein Bewusstsein dafür entwickeln, dass das Teilen nicht unproblematisch ist und dass nicht blind jeder auf den ersten Blick interessante Inhalt weiterverteilt werden sollte.

Machen Sie zunächst – soweit möglich – die Quelle des Inhaltes ausfindig. Hat der Seitenbetreiber der Quelle (der gleichzeitig Urheber der Inhalte ist) z.B. einen Share-Button in seine Seite integriert, kann man in aller Regel davon ausgehen, dass die Person mit dem Teilen – und damit der urheberrechtlich relevanten Nutzung – einverstanden ist.

Beachten Sie aber: Eine Person kann nur in etwas einwilligen, woran ihr selbst Rechte zustehen. Wer also unberechtigt fremde Bilder auf die eigene Website einstellt und diese mit einem Share-Button versieht, ist auch nicht berechtigt, anderen Personen die erforderliche Einwilligung zu erteilen. Teilen Sie daher zurückhaltend und leben Sie unter Umständen nach umfassender Abwägung der Vor- und Nachteile mit einem Restrisiko, wenn sich das Teilen aus Marketingsicht besonders lohnt.

DO NOT DISTURB!
BITTE NICHT STÖREN !

Haftung für fremde Inhalte – Störerhaftung

Neben einer Haftung für eigene oder zu eigen gemachte Inhalte können Sie darüber hinaus nach den Grundsätzen der sogenannten Störerhaftung für Inhalte haften, die ein Dritter auf Ihrer Facebook-Seite hinterlässt.

Störer ist jemand, der an der Schaffung bzw. Aufrechterhaltung eines rechtswidrigen Zustands durch einen Dritten (z.B. eine Urheberrechtsverletzung durch ein Verbreiten eines Inhalts) willentlich oder ursächlich mitwirkt und zumutbare Sicherungsmaßnahmen unterlassen hat – so der Bundesgerichtshof.

Ein klassisches Beispiel ist der Inhaber eines Internetanschlusses: Er kann als Störer haften, wenn Kinder oder Mitbewohner illegal Musik oder Filme auf Tauschbörsen zum Download anbieten! Störer können aber auch Betreiber von Meinungsforen, Blogs oder Social Networks sowie die Inhaber eines Facebook- oder Twitter-Accounts sein, wenn dort rechtswidrige Beiträge veröffentlicht und dann nicht entfernt werden.

Voraussetzung für die **Haftung als Störer** ist die Verletzung von Prüfungspflichten. Der Umfang der Prüfungspflichten richtet sich danach, ob und inwieweit dem potenziellen Störer eine Prüfung zuzumuten ist.

Im Zusammenhang mit Rechtsverletzungen wegen rechtswidriger Postings haften Betreiber von Foren, Blogs oder Facebook-Seiten erst ab Kenntnis von der Rechtsverletzung und anschließender Untätigkeit (vgl. BGH Az. VI ZR 101/06). Es ist also zwingende Voraussetzung, dass der Betreiber der Seite oder der Plattform Kenntnis von einem rechtswidrigen Inhalt hat – sonst ist eine Haftung ausgeschlossen! Diese Kenntnis erlangt der Seitenbetreiber nachweislich etwa dadurch, dass er schriftlich bzw. per E-mail auf die Rechtsverletzung hingewiesen wird.

Beispiel eines von einem Dritten auf eine fremde Timeline geposteten Fotos.

Haftung für fremde Inhalte – Störerhaftung (Forts.)

Erhalten Sie als Betreiber einer Facebook-Seite einen Hinweis auf eine Rechtsverletzung, müssen Sie handeln.

Genauer gesagt sind Sie **verpflichtet**,

1. den konkreten (rechtswidrigen) Inhalt zu löschen **und**
2. vorzusorgen, dass es nicht zu weiteren, gleichgelagerten Rechtsverletzungen kommt.

Praxis-Tipp

Sie müssen als Seitenbetreiber nicht ständig Ihre Seiten oder Ihr Profil auf mögliche Rechtsverletzungen durch Dritte (Beleidigungen, Urheberrechtsverletzungen etc.) durchforsten. Sollten Sie aber einen Hinweis auf eine Rechtsverletzung bekommen, müssen Sie dem nachgehen und im Zweifel auch aktiv werden und Inhalte löschen! Achten Sie in diesem Zusammenhang auch darauf, was Sie nach außen sichtbar kommunizieren. Legen Sie zum Beispiel in den Teilnahmebedingungen eines Gewinnspiels fest, dass Sie alle eingesendeten Inhalte vor Veröffentlichung auf Rechtsverletzungen prüfen, geben Sie damit zu erkennen, dass Sie sich die Inhalte zu eigen machen (was Sie aus Haftungsgründen lieber nicht tun sollten).

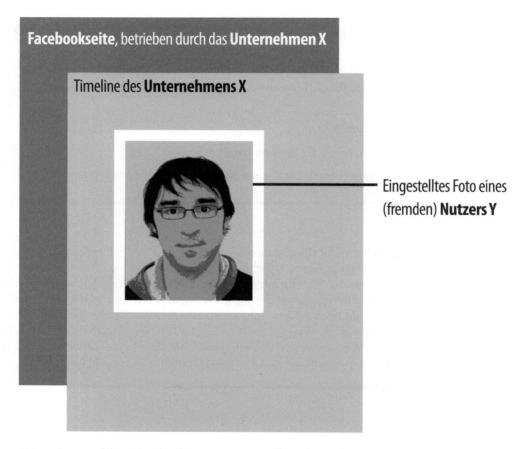

Facebookseite, betrieben durch das **Unternehmen X**

Timeline des **Unternehmens X**

Eingestelltes Foto eines
(fremden) **Nutzers Y**

*Wenn Dritte auf Ihrer Facebook-Seite Fotos einstellen, die Rechte
verletzen, und Sie davon Kenntnis haben, haften Sie, wenn Sie
das Foto nicht entfernen.*

Haftung für fremde Inhalte – Störerhaftung (Forts.)

Einen interessanten Fall im Rahmen der Störerhaftung hatte das LG Stuttgart (Entscheidung vom 20.07.2012) zu klären:

Auf einer Facebook-Unternehmensseite hatte ein Facebook-Nutzer – der nicht der Betreiber der Unternehmensseite war – ein urheberrechtlich geschütztes Foto eines Popsängers veröffentlicht. Der Sänger teilte dem Facebook-Seitenbetreiber die Rechtsverletzung per E-Mail mit. Weil der Seitenbetreiber auf die E-Mail nicht reagierte, wurde er durch den Sänger abgemahnt und aufgefordert, das Bild zu löschen sowie eine entsprechende Unterlassungserklärung abzugeben. Der Seitenbetreiber gab weder eine Unterlassungserklärung ab, noch löschte er das Bild. Der Sänger erhob daraufhin Klage gegen den Seitenbetreiber.

Die Entscheidung des LG Stuttgart folgt den gerade geschilderten Grundsätzen: Der Betreiber einer Facebook-Unternehmensseite haftet für Urheberrechtsverletzungen, die auf seiner Seite durch Dritte begangen werden, **wenn er positive Kenntnis** von der Urheberrechtsverletzung hat und das rechtsverletzende Objekt – hier das gepostete Foto – trotz Kenntnis von der Rechtsverletzung **nicht entfernt**.

Folge der Untätigkeit für den Seitenbetreiber: Er muss dem Verletzten (hier: dem Sänger) durch Vorlage einer geordneten und vollständigen Aufstellung über Art, Umfang und Dauer der Nutzung des Bildes auf seiner Facebook-Seite Auskunft erteilen. Diese Aufstellung ist dann wiederum die Grundlage für die Berechnung des Schadensersatzes, den der Seitenbetreiber an den Sänger zu zahlen hat.

Erklärung der Rechte und Pflichten

Diese Erklärung wurde auf Englisch (USA) verfasst. Sollte es bei der übersetzten Version dieser Erklärung im Vergleich zur englischsprachigen Version zu Unstimmigkeiten kommen, ist stets die englischsprachige Version ausschlaggebend. Bitte beachte, dass Abschnitt 17 einige Änderungen der allgemeinen Richtlinien für Nutzer außerhalb der USA enthält.

Letzte Überarbeitung: 15.11.13

Unternehmensinformationen

Die Webseiten unter www.facebook.com und die auf diesen Seiten vorgehaltenen Dienste werden dir angeboten von:

Facebook Ireland Limited Hanover Reach, 5-7 Hanover Quay, Dublin 2 Ireland
Du kannst auch über, dieses Formular oder per E-Mail unter impressum-support@support.facebook.com Kontakt mit uns aufnehmen.

Vorstand: Sonia Flynn, Shane Crehan

Registriert beim Companies Registration Office der Republik Irland, Registriernummer 462932

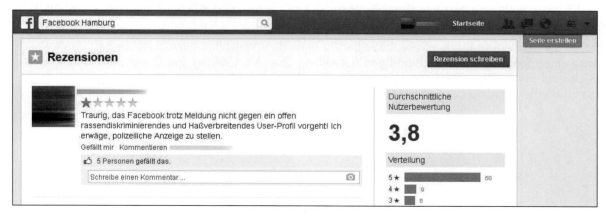

Haftung von Facebook als Plattformbetreiber

Auch Facebook selbst kann als Betreiber der Plattform »Facebook« eine Haftung im Rahmen der Störerhaftung treffen.

Facebook als Betreiber der Gesamt-Plattform wird dabei nicht anders behandelt als Sie, wenn Sie eine Unternehmensseite innerhalb der Plattform Facebook betreiben. Als Betreiber eines sozialen Netzwerks ist Facebook also für die Inhalte seiner Nutzer verantwortlich, wenn es positive Kenntnis von einem rechtswidrigen Inhalt hat (zum Beispiel auf einer Facebook-Unternehmensseite) und diesen rechtswidrigen Inhalt nicht entfernt oder sperrt, nachdem man es davon in Kenntnis gesetzt hat!

Es kann also in der Tat sinnvoll und notwendig sein, auch Facebook selbst (und nicht nur den Nutzer und/oder den Seitenbetreiber der Unternehmensseite) über eine Rechtsverletzung zu informieren. Welches genaue Vorgehen am sinnvollsten ist, hängt allerdings vom Einzelfall ab und davon, was Sie mit Ihrem Vorgehen in erster Linie erreichen wollen (schnellstmögliche Löschung? Schadensersatz? etc.)

Praxis-Tipp

Wichtig ist aber, dass Sie gut dokumentieren, dass Sie auch Facebook in Kenntnis gesetzt haben (am besten per Fax mit Zustellungsnachweis an die Facebook-Zentrale).

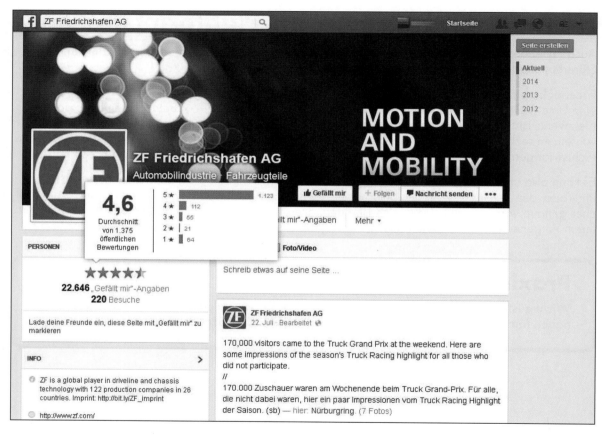

Beispiel für das Bewertungssystem auf einer Facebook-Seite

Exkurs: Bewertungen auf Facebook

Kaum ein Online-Portal kommt noch ohne »Bewertungssystem« aus. Natürlich haben Bewertungssysteme, die inzwischen auch Facebook für Unternehmensseiten anbietet, viele Vorteile. Gleichzeitig nimmt aber die **Gefahr des Missbrauchs** zu. Vor allem Wettbewerber können sich gegenseitig – oft zunächst anonym – mit unsachlichen Bewertungen oder sogar Beleidigungen erheblichen (Image-)Schaden zufügen. Im Bewertungssystem auf Facebook-Seiten kann der Seitenbetreiber Bewertungen nicht löschen.

Natürlich muss ein Seitenbetreiber Rufmord rechtlich nicht hinnehmen: Unwahre Tatsachenbehauptungen – kurz: Lügen – müssen nicht geduldet werden, Meinungsäußerungen, die die Grenze zur Schmähkritik überschreiten, ebenfalls nicht (vgl. dazu Seite 99). Wenn man weiß, wer den Eintrag verfasst hat, kann man gegen derartige Äußerungen zivilrechtlich beispielsweise einen Unterlassungsanspruch geltend machen. Das kann nach erfolgter Abmahnung mit einem Antrag auf einstweilige Verfügung (s. Kapitel 7) geschehen oder auf dem »normalen« Klageweg. Daneben können auch Schadensersatzansprüche bestehen, wobei die Bemessung der Schadenshöhe in solchen Konstellationen oft erhebliche Probleme bereitet. Eine Schwierigkeit ist auch, dass die Bewertenden anonym bleiben können. Außerdem sollten Sie in jedem Fall über die Meldefunktion Facebook die Rechtsverletzung sofort anzeigen und Facebook zum Handeln – sprich zum Entfernen der »Bewertungen« – auffordern. Im Zweifel ist das auch Voraussetzung, um Facebook als Störer in Anspruch nehmen zu können, wenn es solche Bewertungen nicht löscht (vgl. Seite 133).

Praxis-Tipp

Im ein oder anderen Fall der unsachlichen Kritik macht auch ein Strafverfahren Sinn, weil man auf diesem Weg auch anonyme Verfasser von »Bewertungen« entlarven und zivilrechtlich gegen sie vorgehen kann. Ein solches Verfahren kann zwar langwierig sein, kann sich aber lohnen, um hartnäckige Rufmörder ausfindig und mundtot zu machen. Eine umfassende Übersicht zum Umgang mit unwahren oder beleidigenden Bewertungen im Internet finden Sie auf der Plattform *www.falsch-bewertet.de*.

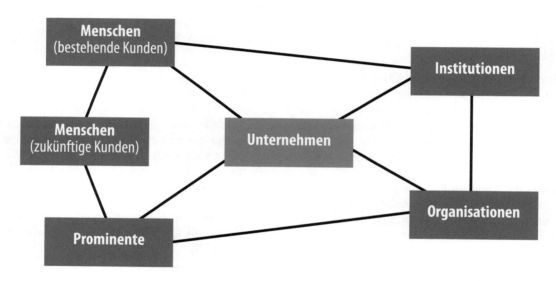

Mögliche Vernetzung im sozialen Netzwerk Facebook

Kapitel 5 | Marketing-Maßnahmen

Wie wir bereits gesehen haben, vernetzt Facebook nicht nur Menschen untereinander, sondern auch Menschen mit Unternehmen, Organisationen und Prominenten bzw. Unternehmen, Organisationen und Prominente untereinander (vgl. Seite 14 ff.). Einige Facebook-Unternehmensseiten haben Millionen von Fans. Wenn ein Unternehmen (bzw. eine Organisation oder ein Prominenter) auf Facebook Marketing-Aktionen durchführt, stellt sich eine Vielzahl rechtlicher Fragen.

Schneller als man denkt, kann die gut gemeinte – und dann vielleicht vorschnell umgesetzte – Marketing-Idee eines Mitarbeiters unangenehme rechtliche und finanzielle Folgen haben. Denn nicht nur für gepostete Inhalte, sondern z.B. auch für Gewinnspiele, Direktmarketing, »Social Crowdsourcing«-Aktionen oder für die Nutzung der vielen Facebook Social Plugins gelten rechtliche Spielregeln. Hier greift vor allem das Wettbewerbs- und Datenschutzrecht, aber auch die Facebook-Nutzungsbedingungen selbst machen Ihnen hierfür klare Vorgaben.

Vielleicht wollen Sie aber auch einfach nur außerhalb von Facebook auf Ihren Facebook-Auftritt hinweisen und dabei das Facebook-Logo und z.B. Screenshots Ihrer Facebook-Unternehmensseite nutzen? Auch das ist nicht ganz ohne Tücken. In einem solchen Fall sollten Sie die sogenannten »Brand Permissions« von Facebook beachten, das sind Facebooks Vorgaben zur Nutzung der Wort-Bild-Marke »Facebook«.

Mit diesen und anderen wichtigen Rechtsfragen zum Thema Marketing auf Facebook beschäftigt sich dieses Kapitel.

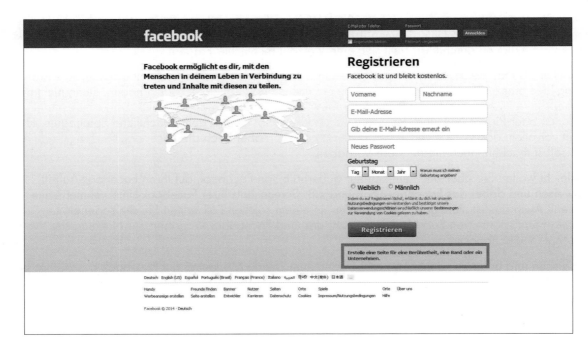

Schon bei der Registrierung trennt Facebook klar zwischen privaten Profilen und solchen für Berühmtheiten, Bands und Unternehmen.

Unternehmensseite und privates Profil

Zunächst ist wichtig zu wissen, dass Werbe- und Marketing-Inhalte auf Facebook **von privaten Inhalten unterscheidbar** sein müssen, was durch eine entsprechende Platzierung und/oder eine besondere Kennzeichnung (»Anzeige«, »Werbung«) geschehen kann. Schon ein Verstoß gegen diese Regel kann zu Unterlassungs- und Schadensersatzansprüchen führen.

Der deutsche Gesetzgeber formuliert das so:

- *§ 58 Abs. 1 RStV: Werbung muss als solche klar erkennbar und vom übrigen Inhalt der Angebote eindeutig getrennt sein. (...)*
- *§ 4 Nr. 3 UWG: Unlauter handelt insbesondere wer (...) den Werbecharakter von geschäftlichen Handlungen verschleiert.*
- *§ 6 Abs. 1 Nr. 1 TMG: Kommerzielle Kommunikationen müssen klar als solche zu erkennen sein.*

Auch Facebook selbst hat Regeln zu diesem Thema in seinen Nutzungsbedingungen:

4.4: Du wirst deine persönliche Chronik nicht hauptsächlich für deinen eigenen kommerziellen Profit verwenden und wirst eine Facebook-Seite für solche Zwecke nutzen.

Fasst man all diese Regelungen zusammen, könnte man mit anderen Worten sagen: Führen Sie Marketing-Aktionen grundsätzlich nicht auf Ihrem privaten Profil, sondern immer nur auf der **eigens dafür eingerichteten Facebook-Seite** durch.

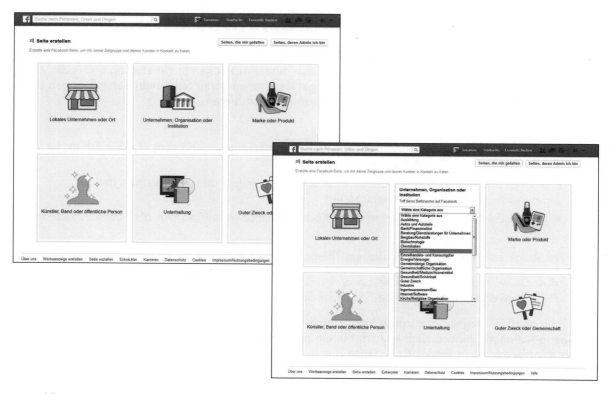

Anwählbare Unternehmenskategorien bei der Erstellung einer Facebook-Seite für Unternehmen

Den Facebook-Auftritt für Unternehmen einrichten

Die soeben aufgezeigten rechtlichen Rahmenbedingungen lassen sich praktisch recht unproblematisch umsetzen: Auf Facebook können Sie für Ihr Unternehmen eine Seite mit Zuordnung der Kategorie Ihres Unternehmens erstellen. Bei der Neuerstellung einer Seite fragt Facebook Sie, ob Sie als Privatperson eine Seite erstellen oder als Unternehmen – als Unternehmen können Sie dann weiter zwischen verschiedenen Unternehmens-Kategorien wählen.

Der Aufbau der Facebook-Plattform trägt automatisch dazu bei, dass der Unterschied zwischen Unternehmens-Auftritt und privatem Auftritt nach außen erkennbar ist. Ein Unterschied zwischen Unternehmensseite und privatem Profil ist beispielsweise, dass man seinem privaten Profil »Freunde hinzufügen« kann, während man sein Interesse einer Unternehmensseite gegenüber nur durch »Gefällt mir« ausdrücken kann (das nennt man auch »Fan werden«).

Ist Ihr privates Profil mit Ihrer Unternehmensseite verknüpft, können Sie auf Facebook sowohl als Unternehmen auftreten – z.B. kommentieren, posten etc. – als auch als Privatperson. Ob Sie als Privatperson handeln oder als Unternehmen, können Sie selbst bestimmen.

Praxis-Tipp

Auf eine klare Zuordnung sollten Sie großen Wert legen: Geben Sie deshalb stets klar zu erkennen, ob Sie als Unternehmen oder als Privatperson handeln! Beachten Sie das nicht, kann es passieren, dass Facebook Ihr Konto sperrt. Vergessen Sie deswegen nicht die Einstellung »Facebook als Seite benutzen« bei Posts zu verwenden, die Ihr Unternehmen betreffen.'

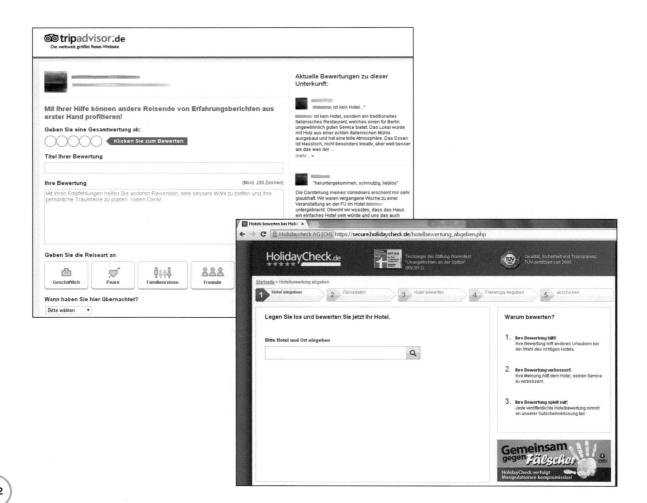

Finger weg von »Astroturfing«

»Astroturfing« beschreibt eine Werbetätigkeit, bei der öffentliche Bewertungsportale und Foren dazu genutzt werden, positive Äußerungen über das eigene Unternehmen zu verbreiten, entweder über eigens zu diesem Zweck bezahlte Agenturen oder durch die eigenen Mitarbeiter.

In Deutschland kennt man dieses Phänomen zum Beispiel im Zusammenhang mit Hotelbewertungsportalen: Hoteliers singen Loblieder auf die Qualität ihres eigenen Hotels und werten zugleich das Hotel des Konkurrenten ab, freilich ohne sich nach außen zu erkennen zu geben. Das ist weder erlaubt, noch Sinn und Zweck der Portale. Prinzipiell lebt ein Bewertungsportal vom Vertrauen seiner Nutzer, die davon ausgehen, dass die dort präsentierten »Kundenmeinungen« echt sind. Deswegen beschäftigen große Portale inzwischen eigenes Personal oder setzen spezielle technische Algorithmen ein, um »unechte« Eigenbewertungen aufzuspüren und einzudämmen.

Was aber bedeutet das für Sie als Unternehmer – übertragen auf Ihre Facebook-Seite? Eine positive Bewertung der eigenen Unternehmensseite (vgl. Seite 135) durch die eigenen Mitarbeiter nach einer Aufforderung an die Mitarbeiter, dies zu tun, ist nicht erlaubt! Ebenso verboten ist das Anlegen neuer Facebook-Profile für die positive Bewertung oder Kommentierung der eigenen Unternehmensseite. Wenn Ihre Mitarbeiter solche Aktionen durchführen, werden sie nach deutschem Recht dem Unternehmen zugerechnet. Ist man in diesem Zusammenhang streng, könnte man schon das Liken der eigenen Unternehmensseite durch Mitarbeiter als problematisch ansehen. Hierzu gibt es aber noch keine gerichtlichen Entscheidungen.

Für Sie gilt daher: Legen Sie offen, was Sie tun! Machen Sie eine kommerzielle Kommunikation immer kenntlich und vermeiden Sie so wettbewerbsrechtliche Streitigkeiten und ein negatives Image. Es kann unter Umständen wichtig sein, dass Sie Ihre Mitarbeiter schulen, um eventuelle Verstöße zu vermeiden. In diesem Zusammenhang sollten Sie Ihren Mitarbeitern außerdem umfassende Social-Media-Guidelines sowie Social-Media-Leitfäden bereitstellen (vgl. Seite 215).

easyJet Deutschland hat sein/ihr Foto geteilt.
14. November 2011 ·

Wir wünschen euch allen einen tollen Start in die Woche! Mit den lustigen
Fotos von Ross Antony fängt die Woche doch schon einmal gut an.

Gefällt mir · Kommentieren · Teilen

👍 22 Personen gefällt das.

↪ 1 geteilter Inhalt

 ~~Mario Metz~~ Echter Fan oder Testimonial?
14. November 2011 um 10:45 · Gefällt mir · 👍 1

 ~~Claudia Wonneck~~ Der ist doch für jeden Spass zu haben, ist sicher ein
echter Fan 😊
14. November 2011 um 11:16 · Gefällt mir

 ~~Heidi Stein~~ Das wird uns easyjet bestimmt gerne bestätigen 😊
14. November 2011 um 13:17 · Gefällt mir

 easyJet Deutschland Hallo ~~Ina~~, Ross Freude ist echt und nicht gespielt 😊.
Viele Grüße, dein easyJet-Team.

Als inhaltlicher Beitrag getarnte Werbung

Ebenfalls unzulässig ist es, Werbung so zu »tarnen«, dass sie für den Leser wie ein inhaltlicher Beitrag erscheint. Ein bekanntes Beispiel hierfür ist der sogenannte **»Bloggergate«-Fall**, ein umfangreicher Fall von Schleichwerbung auf deutschen Blogs, in den rund 100 Blogs verwickelt gewesen sein sollen. In diesem Fall hatten sich Blogger dafür bezahlen lassen, Keywords und Links in ihren Beiträgen zu verwenden, ohne dass sie die entsprechenden Beiträge als Werbung kenntlich machten.

Das ist für Blogs unzulässig – aber auch auf Facebook-Seiten sind nicht als Werbung gekennzeichnete Verlinkungen, für die Sie sich bezahlen lassen oder für die Sie andere bezahlen, unzulässig.

Ein weiteres Beispiel: Easyjet präsentierte Ross Antony als neuen Fan der Easyjet-Facebook-Unternehmensseite. Gleichzeitig wies Antony auf der Facebook-Seite seiner Pension auf das Angebot von Easyjet hin bzw. warb damit, dass seine Pension von Easyjet »ausgestattet« wird. Falls Ross Antony eine – und sei es auch nur mittelbare – Entlohnung erhielt, wäre dies eine **unzulässige Schleichwerbung** und damit verboten!

Was sind die möglichen Folgen?

Zum einen ergeben sich Folgen aus dem UWG: Es können Ansprüche von Konkurrenten oder Wettbewerbs- und Verbraucherzentralen auf Unterlassung und Schadensersatz unter anderem aufgrund verschleiernder Werbung (§ 8 / § 9 i.V.m. §§ 3 I, II, 4 Nr. 3 UWG) bestehen.

Zum anderen droht ein Einschreiten seitens Facebook wegen Verstoßes gegen Art. III A. der Facebook-Werberichtlinien (»Werbeanzeigen müssen das Unternehmen, das Produkt, die Dienstleistung oder die Marke, für welche/s geworben wird, deutlich darstellen.[…]«).

Beispiel für ein Gewinnspiel auf Facebook

Gewinnspiele – Gesetzlicher Rahmen

Wenn Sie ein Gewinnspiel auf einer Facebook-Seite veranstalten, sollten Sie zunächst die entscheidenden gesetzlichen Rahmenbedingungen für Gewinnspiele kennen:

- Keine Gewinnspiele gegen Entgelt ohne staatliche Genehmigung, § 284 StGB
- Keine Koppelung der Gewinnchancen an den Kauf von Produkten, § 4 Nr. 6 UWG
- Klare Angabe der Teilnahmebedingungen und Gewinne
- Verbot unwahrer Angabe, dass bereits gewonnen wurde oder Abhängigmachen des Gewinns von der Zahlung eines Geldbetrags, § 3 III UWG i.V.m. Nr. 17 Anhang UWG
- Kein Preisausschreiben, ohne dass die in Aussicht gestellten Preise auch tatsächlich angeboten werden, § 3 III UWG i.V.m. Nr. 20 Anhang UWG

Besonders wichtig ist es, auf die **Teilnahmebedingungen des Gewinnspiels zu achten**! Werden an dieser Stelle Fehler gemacht – fehlen dem Gewinnspiel z.B. Teilnahmebedingungen oder werden darin wichtige datenschutzrechtliche Hinweise vergessen – kann es schnell zu einem Rechtsverstoß kommen, der unter anderem Abmahnungen durch Wettbewerber zur Folge haben kann.

Praxis-Tipp

Teilnahmebedingungen für Gewinnspiele sind Rechtstexte und sollten daher nur von Juristen erstellt werden, denn es sind unter Umständen komplexe Fragen nach Datenschutz, Verwendung von E-Mail-Adressen oder Gewinnmodalitäten zu klären.

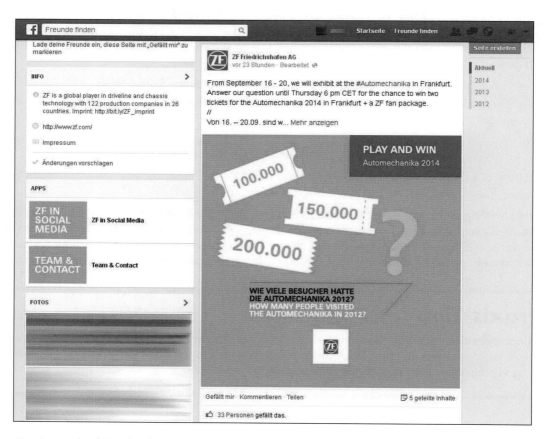

Gewinnspiel auf Facebook

Facebook-Richtlinien für Promotions

Neben den gesetzlichen Bestimmungen müssen Sie auf die Facebook-Richtlinien für Promotions achten.

Die folgende **Checkliste** ist unbedingt zu beachten, wenn man ein Gewinnspiel veranstalten will:

1. Es sind die gesetzlichen Vorschriften einzuhalten und die Teilnahmebedingungen bereitzustellen.

2. Es muss eine vollständige Freistellung von Facebook von jedem Teilnehmer erfolgen. Sie müssen die Teilnehmer also durch Ihre Gewinnspielbedingungen erklären lassen, dass sie Facebook von sämtlichen Ansprüchen freistellen, die im Zusammenhang mit der Teilnahme an dem Gewinnspiel gegen Facebook gerichtet werden könnten. »Freistellen« bedeutet dabei, dass die Teilnehmer selbst – und nicht Facebook – jeden denkbaren Rechtsstreit, in den Facebook aufgrund der Gewinnspiel-Teilnahme verwickelt werden könnte (etwa weil der Teilnehmer mit urheberrechtlich geschütztem Material an dem Gewinnspiel teilnimmt), mit vollem Kostenrisiko führen müssen.

3. Es bedarf des Hinweises, dass die Promotion in keiner Verbindung zu Facebook steht und in keiner Weise von Facebook gesponsert, unterstützt oder organisiert wird.

4. Nicht zulässig ist es, die Teilnahme an dem Gewinnspiel davon abhängig zu machen, dass der entsprechende Eintrag auf der (privaten) Timeline des Nutzers oder eines anderen Nutzers gepostet wird.

5. Neu (seit Ende 2013): Gewinnspiele dürfen jetzt nicht mehr nur innerhalb von Apps, sondern auch direkt auf den jeweiligen Seiten durchgeführt werden.

Umgekehrt ausgedrückt: Was ist im Rahmen von Gewinnspielen erlaubt? Es ist zulässig, die Teilnahme an dem Gewinnspiel davon abhängig zu machen, dass der Teilnehmer einen Beitrag auf der Seite des Unternehmens, das das Gewinnspiel durchführt, liket, kommentiert oder eine Nachricht an die Betreiber der Unternehmensseite sendet. Auch dürfen Gewinner (einmalig!) über Facebook benachrichtigt werden, und es ist zulässig, Facebook-Funktionen zur Abstimmung über den Gewinner-Beitrag zu verwenden (z.B.: Das Foto mit den meisten »Likes« gewinnt.). Die wichtigste Neuerung in diesem Bereich ist aber die Tatsache, dass inzwischen nicht mehr zwingend Apps verwendet werden müssen, damit Sie ein Gewinnspiel auf Facebook veranstalten können.

Nitro Snowboards hat World Snowboard Tours Foto geteilt.
12. November 2012

Here's your chance to win a Limited Edition World Snowboard Tour board every day for the next 7 days!

Day 1 of our "Lucky 7" sweepstakes! You have the chance to win a Limited Edition World Snowboard Tour board by Nitro Snowboards every day for the next 7 days, simply follow the instructions.

Today you have until 11pm EST to answer the following question in the comments: Can you name 3 past World Snowboard Tour Champions?

Winners will be announced here - http://www.worldsnowboardtour.com/lucky7

And if you're not one of the lucky 7, you can always buy one here - http://www.worldsnowboardtour.com/shop/

Gefällt mir · Kommentieren · Teilen   👍 75 💬 8 🔁 19 geteilte Inhalte

Gewinnspiele – Wohin mit den Teilnahmebedingungen?

Egal ob Gewinnspiele auf der Facebook-Unternehmensseite selbst oder in einer App durchgeführt werden, in jedem Fall müssen Teilnahmebedingungen für das Gewinnspiel existieren.

Im Rahmen einer **App** ist die Bereitstellung von Teilnahmebedingungen unproblematisch möglich: Dort kann sichergestellt werden, dass der Teilnehmer nur dann am Gewinnspiel teilnimmt, wenn er ein entsprechendes »Häkchen« setzt und bestätigt, die Teilnahmebedingungen gelesen und akzeptiert zu haben. Das Unternehmen kann sich an dieser Stelle auch die erforderliche datenschutzrechtliche Einwilligung für eine Nutzung persönlicher Daten geben lassen.

An dieser Stelle der ganz praktische Hinweis: Im Rahmen einer App kann ein Gewinnspiel deutlich umfangreicher gestaltet werden, z.B. als interaktives Gewinnspiel mit vielen Funktionen. Die Nutzung einer App hat also praktische und rechtliche Vorteile für Sie!

Mangels technischer Möglichkeiten funktioniert das so bei einem Gewinnspiel **innerhalb der Timeline** der Unternehmensseite nicht. Die Timeline ist aber besonders für unkomplizierte, schnelle Gewinnspiele praktikabel.

Um so rechtssicher wie möglich vorzugehen, sollten Sie besonderen Wert darauf legen, dass jedem Teilnehmer die Gewinnspielbedingungen gut zugänglich gemacht werden – etwa durch eine gut sichtbare Platzierung unterhalb der Beschreibung des Gewinnspiels oder eine Verlinkung auf eine andere Seite, auf der die Bedingungen abgelegt sind. Auf jeden Fall sollte der Text unterhalb der Beschreibung des Gewinnspiels die deutlich hervorgehobene Angabe enthalten, dass der Nutzer mit seiner Teilnahme den Gewinnspielbedingungen zustimmt.

Ein Beispiel für den Hinweis auf ein Gewinnspiel durch Verlinkung des Gewinnspiels auf der Facebook-Unternehmensseite

Gewinnspiele – Dos and Don'ts

Zur besseren Übersicht über die äußerst wichtigen Vorgaben zur Gestaltung Ihrer Gewinnspiele auf Facebook habe ich hier noch einmal die wichtigsten Punkte als Dos und Don'ts zusammengefasst:

Dos

Halten Sie sich an die Vorgaben des Gesetzes gegen den unlauteren Wettbewerb! Das UWG enthält sehr genaue Regelungen (Anhang zu § 3 III), was erlaubt ist und was nicht. Darüber hinaus hat sich eine richterrechtliche Ausgestaltung der verschiedenen Tatbestände der §§ 4 ff. UWG gebildet.

Achten Sie auf den Datenschutz! Alle Nutzerdaten, die im Rahmen Ihres Gewinnspiels erhoben werden, müssen rechtmäßig erhoben sein. Dies stellen Sie in Ihren Teilnahmebedingungen bzw. Datenschutzhinweisen im Vorfeld sicher.

Don'ts

Keine Assoziation mit Facebook! Sie dürfen das Gewinnspiel zwar auf Facebook bewerben und durchführen, aber vermeiden Sie unbedingt, dass der Eindruck entsteht, dass Facebook selbst Veranstalter des Gewinnspiels ist.

Keine Nutzung der privaten Timeline der User! Das Liken und Kommentieren durch einen Nutzer für die Teilnahme an einem Gewinnspiel ist inzwischen gestattet. Nicht erlaubt ist aber, den Nutzer dazu aufzufordern, etwas in der eigenen Timeline oder in einer fremden Timeline – außer der Ihren! – zu posten.

Werbe-E-Mails als Facebook-Nachricht

=

Werbung unter Verwendung elektronischer Post ohne Einwilligung des Adressaten

=

unzumutbare Belästigung gem. § 7 Abs. 2 Nr. 3 UWG

=

unzulässig!

Direktmarketing – Gesetzlicher Rahmen

Als Unternehmer könnte man in Versuchung geraten, Facebook-Nutzer direkt per Privatnachricht anzuschreiben, um ihnen Produkte oder Dienstleistungen zu verkaufen bzw. Werbung zu betreiben (sogenanntes »Direktmarketing«). Natürlich ist aber auch hierbei das UWG zu beachten. Wichtigste gesetzliche Regelung dafür ist § 7 UWG, der auszugsweise wie folgt lautet:

(1) Eine geschäftliche Handlung, durch die ein Marktteilnehmer in unzumutbarer Weise belästigt wird, ist unzulässig. Dies gilt insbesondere für Werbung, obwohl erkennbar ist, dass der angesprochene Marktteilnehmer diese Werbung nicht wünscht.

(2) Eine unzumutbare Belästigung ist stets anzunehmen [...]

bei Werbung unter Verwendung einer automatischen Anrufmaschine, eines Faxgerätes oder elektronischer Post, ohne dass eine vorherige ausdrückliche Einwilligung des Adressaten vorliegt, oder

bei Werbung mit einer Nachricht, bei der die Identität des Absenders, in dessen Auftrag die Nachricht übermittelt wird, verschleiert oder verheimlicht wird [...].

Welche Bedeutung hat das für Marketing via Facebook?

Für das Versenden einer Nachricht zu Werbezwecken auf Facebook im Rahmen geschäftlicher Handlungen ist eine ausdrückliche Einwilligung des Empfängers gem. § 7 Abs. 2 Nr. 3 UWG notwendig!

Hier gelten also keine anderen Maßstäbe als z.B. beim unaufgeforderten Zusenden von Werbe-E-Mails. Denn Nachrichten auf Facebook fallen nach Sinn und Zweck des Gesetzes unter »elektronische Post«. Wenn Sie daher Facebook-Nutzern unverlangte »Produktinformationen« über Privatnachrichten zusenden, ist das als unzumutbare Belästigung nach UWG unzulässig.

Direktmarketing – Facebook-Regelungen

Neben den gesetzlichen Vorgaben für Marketing via Facebook finden sich auch in den Nutzungsbedingungen von Facebook Regelungen dazu: In Ziffer 3.1 heißt es z.B.:

> *Du wirst keine nicht genehmigten Werbekommunikationen (beispielsweise Spam) auf Facebook posten.*

Es gilt daher: Werbebotschaften auf Pinnwänden sind **unzulässig,** aber auch Nachrichten mit Werbeinhalten an andere Facebook-Mitglieder sind **unzulässig**!

Überdies ist das Versenden von Nachrichten nur von einem persönlichen Profil aus möglich. Es kommt damit in diesem Fall also zusätzlich zu einem Verstoß gegen den zuvor beschriebenen Trennungsgrundsatz von (Unternehmens-)Seite und persönlichem Profil, da der Auftritt als Unternehmen verschleiert wird, wenn Sie privat Werbe-Nachrichten versenden!

Das Problem des (unzulässigen) Direktmarketings durch unaufgeforderte Kontaktaufnahme betrifft übrigens auch die Betreiber von Facebook selbst. Rechtsstreit gab es hier über den sogenannten Freundefinder: Über den Import der Daten von Nichtmitgliedern durch Facebook-Mitglieder erhielten Nichtmitglieder eine Einladung (und bei Nichtreaktion eine Erinnerungsmail) von Facebook, ohne dazu eine Einwilligung erteilt zu haben. Menschen, die selbst nie mit Facebook in Kontakt getreten waren, wurden also von Facebook in eigener Sache kontaktiert. Das LG Berlin (Az. 16 O 551/10) hielt den »Freundefinder« für einen Verstoß gegen § 7 UWG und damit für rechtswidrig, weil mit dem Freundefinder automatisch von Facebook in unzulässiger Weise Werbemails versendet werden. Der Freundefinder verleite Facebook-Mitglieder dazu, Namen und E-Mail-Adressen von Freunden zu importieren, die selbst keine Mitglieder von Facebook sind.

Beispiel sogenannter Crowdsourcing-Aktionen, bei denen z.B. Fotos oder Videos von Nutzern auf einer Facebook-Unternehmensseite veröffentlicht werden.

Social Crowdsourcing

Angelehnt an den Begriff Outsourcing, bezeichnet Social Crowdsourcing die Auslagerung von internen Unternehmensaufgaben auf eine breite Masse von »Freizeitarbeitern« im Internet. Unternehmen versprechen sich davon, dass sich Internet-User interaktiv an Aktionen beteiligen und kreativ betätigen, um so für das Unternehmen nutzbare Ergebnisse (z.B. Designs, Namensfindungen, Musikwerke etc.) und Aufmerksamkeit zu erzeugen. Die Community soll also z.B. Texte, Fotos oder Videos einsenden. An das Einsenden dieser Inhalte knüpft sich die Frage, wie es sich mit den **Rechten des Nutzers** verhält, der derartigen Content einsendet. Nach § 2 UrhG bestehen bei hinreichender Schöpfungshöhe an z.B. Fotos, Zeichnungen oder Texten Urheberrechte des Nutzers an seinem »Werk« (vgl. S XX). Der Einsender ist dann im Zweifel auch Urheber mit allen dazugehörigen Rechten. Das hat für den Umgang mit den eingesendeten Inhalten große Bedeutung, denn wenn Sie die eingesendeten Inhalte für Ihr Unternehmen nutzen wollen, muss der Urheber Ihnen umfassend entsprechende Verwertungsrechte einräumen, z.B. und je nach Verwendungszweck das Recht auf:

- Veröffentlichung, § 12 UrhG
- Vervielfältigung, § 16 UrhG
- Verbreitung, § 17 UrhG
- Öffentliche Zugänglichmachung, § 19a UrhG **(für die Nutzung im Internet!)**

Praxis-Tipp

Diese Rechteübertragungen sind – je nachdem, wie Sie den Content nutzen wollen – relativ **komplex**. Einerseits was den Umfang der geplanten Nutzung angeht, davon abhängig aber z.B. auch was die Höhe der Vergütung angeht, die laut Gesetz angemessen sein muss. Kompliziert wird es auch in haftungsrechtlicher Hinsicht, wenn z.B. auf Fotos Personen abgebildet sind. Die grundlegenden Punkte sollten Sie von Beginn an in den Nutzungsbedingungen der Crowdsourcing-Aktion für alle Nutzer festlegen, darüber hinaus bietet sich an, ggf. eine separate (umfassendere) Vereinbarung mit den Erstellern der Gewinner-Beiträge aufzusetzen.

Ermittlung des Gewinners?

Nutzungsrechte exklusiv für den Veranstalter?

Weltweite und dauerhafte Nutzung möglich?

Für welche Nutzungsarten?

Vergütung?

Wer haftet?

Wichtige Regelungspunkte in den Teilnahmebedingungen einer Social-Crowdsourcing-Aktion

Social Crowdsourcing (Forts.)

Im Rahmen der **Gestaltung der Teilnahmebedingungen** mit dem Nutzer stellen sich zahlreiche rechtliche Fragen:

- Wie und von wem wird der Gewinner-Beitrag ausgewählt?
- Soll ein einfaches **oder** ausschließliche**s Nutzungsrecht** eingeräumt werden ?
- Soll eine Beschränkung in räumlicher **oder** zeitlicher Hinsicht bestehen?
- Wie hoch ist eine angemessene Vergütung für die Rechtsübertragung?
- Welche Nutzungsarten sind umfasst? Nur online oder auch Rechte für eine »offline«-Verwertung, wie Print oder T-Shirt-Druck?
- Und ganz wichtig: **Haftungsfragen**! Schließen Sie eine Haftung Ihres Unternehmens für Rechtsverletzungen, die sie eventuell durch die Nutzung des überlassenen Contents begehen könnten (z.B. ungeklärte Urheber- oder Personlichkeitsrechte etc.), aus bzw. geben Sie diese an den Teilnehmer ab. Die genaue Formulierung eines solchen Haftungsausschlusses hängt dabei von der Art Ihrer Crowdsourcing-Aktion ab.

Rechtlich – und auch um Image-Schäden zu vermeiden – sollte man also Wert auf die Ausgestaltung der Teilnahmebedingungen legen. Denn nicht immer wurden die Unternehmen von derartigen Kampagnen mit den Ergebnissen besonders glücklich:

Das zeigt zum Beispiel der Fall »Pril – schmeckt lecker nach Hähnchen«: Das Unternehmen Henkel rief auf seiner Website dazu auf, für das Spülmittel »Pril« neue, kreative Etiketten zu entwerfen. Für kurze Zeit sollten die beiden besten Designs als limitierte Edition verkauft werden. Das Design »Pril – schmeckt lecker nach Hähnchen« wurde im Voting von den Nutzern ausgewählt. Um die Etikettierung mit solchen Sprüchen zu vermeiden, hatte Henkel – auf rechtlicher Ebene – vorgebaut: Die endgültige Entscheidung war einer Jury vorbehalten, die sich für andere Designs entschied. Allerdings war dies nur ein Pyrrhussieg, denn es folgte ein Shitstorm gegen Henkel, also massenhafte, oft unsachliche Äußerungen im Internet. Zumindest der Imageschaden war hier also groß.

Social Crowdsourcing (Forts.)

Ein weiterer Fall, bei dem die Veranstalter einer Social Crowdsourcing-Kampagne besser auf die Formulierung der Teilnahmebedingungen hätten achten sollen, betraf die Gemeinde Schwäbisch Gmünd. Diese Gemeinde suchte über ihre Facebook-Seite nach einem Namen für einen neuen Tunnel, der mit der Gemeinde in Verbindung stehen sollte. Die Facebook-User entschieden sich für den »Bud-Spencer Tunnel«, weil Bud Spencer einmal an einem Schwimmwettkampf im örtlichen Schwimmbad teilgenommen hatte. Die Gemeinde fand dies weniger lustig und nannte den Tunnel entgegen der Abstimmung der User »Gmünder Einhorntunnel«. Die Fans mussten mit der Umbenennung des örtlichen Schwimmbades in »Bud-Spencer-Bad« beschwichtigt werden.

Wesentlich souveräner ging das Modehaus »Otto« mit einer verunglückten Social Crowdsourcing-Kampagne um: Otto suchte ein neues Gesicht für die Facebook-Seite des Unternehmens. Gewinner wurde ein männlicher Student, der sich mit Perücke und Lidschatten auf einem Sofa räkelte! Otto reagierte souverän und schickte den Kandidaten zum Fotoshooting.

RITTER SPORT Fakes: Neue Fälschungen im Web

‹ ZURÜCK

07.09.2011 · KATEGORIEN: Allgemein, Fake-Sorten

Liebe Schokofans,

in der RITTER SPORT Welt hat sich einiges getan, vor allem in der Online-Welt unserer Schokofans. Jedes Mal wenn wir auf Entdeckungstour in World Wide Web gehen, begegnen wir neuen gefälschte Sorten, die uns zum Staunen bringen. Der Geschmack mancher User ist dabei bemerkenswert kreativ und sehr experimentell. Ob diese Sorten bald im handelsüblichen Supermarkt zu finden sind, bleibt allerdings mehr als fragwürdig. Wir sind noch in Verhandlung mit dem Produktmanagement wegen **der letzten Sorten, die wir euch hier** vorgeschlagen haben. 😊

Nichtsdestotrotz möchten wir euch die Sorten, die im Web zu finden sind, nicht vorenthalten. Bedanken möchten wir uns herzlich für den Blog **Joghurt mit Graeten**, auf dem fleißig neue Sorten erfunden wurden. Wir haben unsere Lieblinge aus dem Sortiment der Fake-Sorten gewählt.

Unser erster Favorit ist eine Kreation, die uns an damals erinnert, als Toast Hawai noch in und cool war:

Sieht doch lecker aus, oder?

Um nicht auf den herzhaften Geschmack von Knoblauch verzichten zu müssen, führen wir das Schokoladenmenü mit einer Aioli Kombination weiter. Natürlich mit sanftem Olivenöl aus Italien und zartem Knoblauch:

Social Crowdsourcing (Forts.)

Auch wenn etliche Fälle des Social Crowdsourcing offensichtlich nicht den geplanten Erfolg erzielen – aber dennoch ein großer Marketing-Erfolg werden können! – gibt es zahlreiche Beispiele für eine gelungene Beteiligung der Internet Community an Unternehmensideen:

McDonalds z.B. ließ Fast-Food-Fans neue Burger gestalten und RitterSport eine neue Schokoladensorte kreieren. Fake-Vorschläge von Schokoladenfans, wie »Toast Hawai – mit Scheiblettenkäse auf Dosenananas« oder »Blutwurst – mit schlachtwarmem Speck«, stellte RitterSport in seinen Blog ein, rief noch zur Einstellung weiterer Ideen auf und ging somit souverän mit den entsprechenden Vorschlägen um.

Praxis-Tipp

Gestalten Sie die Teilnahmebedingungen für derartige Marketing-Aktionen so, dass Sie von vornherein bestimmte Vorschläge ausschließen bzw. von Ihrer Seite löschen dürfen und nicht zwingend einen Beitrag umsetzen müssen, etwa nur weil er die meisten »Likes« erhalten hat!

Und Achtung: Social Crowdsourcing erzeugt immer eine Eigendynamik. Binden Sie im Rahmen der Umsetzung die Internet-Community intensiv ein, stellen Sie sich möglicher Kritik und suchen Sie im Zweifel immer den Dialog mit der Netzgemeinde!

Beispiel für Sponsoring auf Facebook

Sponsoring auf Facebook

Sponsoring ist in der Wahrnehmung der meisten Menschen eine Sache, die vor allem »physisch« stattfindet – besonders im Sport. Trikotsponsoring ist wohl die Form des Sponsorings, die bisher in den traditionellen Medien am meisten wahrgenommen wird. Aber auch in der Welt von Facebook & Co. ist das Sponsoring als Marketing-Instrument inzwischen branchenübergreifend angekommen. Wenn auch in der Regel noch als crossmediale Unterstützung des Sponsorings in seiner klassischen Form.

Aus rechtlicher Sicht ist für den Sponsor wie für den Gesponsorten gleichermaßen wichtig, dass den speziellen Anforderungen des Sponsorings in sozialen Netzwerken durch vertragliche Regelung Rechnung getragen wird.

Dies kann in der Praxis zum Beispiel durch einen speziellen Social-Media- bzw. Facebook-Sponsoringvertrag umgesetzt werden. Diese Variante empfiehlt sich besonders bei geplanter dauerhafter Social Media- bzw. Facebook-Kooperation. Wenn die geplante Zusammenarbeit in den Social-Media-Kanälen nicht allzu umfangreich ist und daneben ein Sponsoringverhältnis in der realen Welt vertraglich geregelt wird, können die Social-Media-Sponsoring-Vereinbarungen auch in einer Zusatzregelung im Rahmen eines Gesamt-Sponsoringvertrages getroffen werden.

Praxis-Tipp

Ist in einem Sponsoringvertrag bisher nichts zum Thema »Sponsoring & Social Media« geregelt, sollte man ggf. auf seinen Vertragspartner zugehen und eine Anpassung des Vertrages zu diesem Thema anregen. Solche Vertragsergänzungen bzw. Zusatzvereinbarungen sorgen für Rechtssicherheit für Sponsor und Gesponsorten! Je genauer hier geregelt wird, wen welche Rechte und Pflichten treffen, desto geringer ist das Risiko, dass hierüber Streit entsteht.

Sponsoring auf Facebook (Forts.)

Folgendes sollten Sie in einem Sponsoringvertrag in Bezug auf Facebook-Sponsoring auf jeden Fall berücksichtigen:

Grundlegendes

1. Welche konkreten Unter-Kanäle der Facebook-Plattform des Gesponsorten oder des Sponsors sollen genutzt werden (z.B. Facebook-Unternehmensseiten, aber auch Veranstaltungsseiten etc.)?

2. Wer ist Betreiber und wer soll (zusätzlich) Administrator der Seiten sein, auf denen die einzelnen »Aktionen« stattfinden?

3. Wie und von wem dürfen gegebenenfalls gesammelte Daten genutzt werden?

4. Wer darf nach Ende der Zusammenarbeit die im Zusammenhang mit dem Facebook-Sponsoring genutzten (und ggf. durch Nutzer neu entstandenen) Inhalte weiter verwenden? Und sind bei Beendigung der Gesamt-Kooperation aus dem Facebook-Sponsoring gewonnene (Kunden-)Daten herauszugeben?

Achtung! Falls bei Sponsoring-Maßnahmen Daten im Sinne der Datenschutzgesetze erhoben, gespeichert und verarbeitet werden, muss bei den Einwilligungserklärungen der Nutzer auf eine genaue Aufklärung geachtet werden, wer diese Daten erhalten soll (der Gesponsorte und der Sponsor?).

Inhaltliches

1. Wer darf Inhalte für die Nutzung in den Kanälen aussuchen, erstellen oder verfassen? Wie erfolgt ggf. ein Abstimmungsprozedere?

2. Wer ist für die geposteten Inhalte verantwortlich und wer ist für Inhalte Dritter verantwortlich, die im Zusammenhang mit der Facebook-Kooperation gepostet werden (vgl. dazu Kapitel XY ##S. XY)?

Diese Übersicht enthält nur die wichtigsten Punkte, an die man denken sollte, wenn das Sponsoring auch über Social-Media-Kanäle wie Facebook kommuniziert werden soll. Die Übersicht erhebt natürlich keinen Anspruch auf Vollständigkeit – zusätzliche genauere und individuell auf die Kooperation angepasste Regelungen werden meist erforderlich sein!

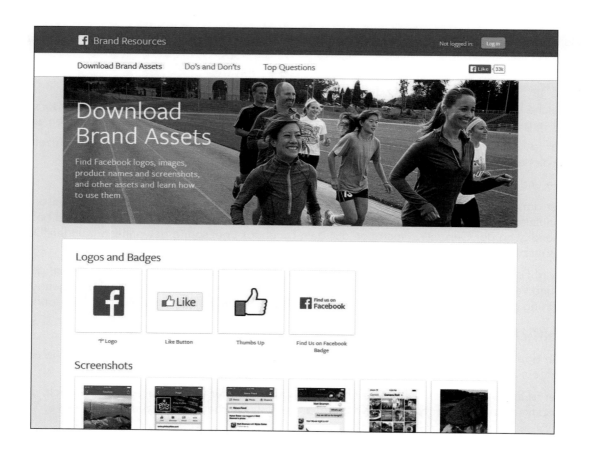

Facebook »Brand Permissions«

Nicht nur die Nutzung der Facebook-Seite selbst birgt rechtliche Risiken. Auch wenn Sie auf Ihrer Internetseite einen »Facebook-Like-Button« (auch Gefällt mir-Button genannt) einbinden oder im Rahmen Ihrer sonstigen Unternehmens-Auftritte (Online, Print, TV etc.) unter Verwendung von Facebook-Logos auf Ihre Facebook-Seite hinweisen wollen, müssen Sie sich an rechtliche Vorgaben halten und z.B. neben dem Markenrecht die sogenannten »Brand Permissions« von Facebook einhalten.

Diese »Brand Permissions« sind Vorgaben von Facebook, wie die Einbindung und Nutzung der Marke »Facebook« durch andere Personen oder Unternehmen zu erfolgen hat. Diese Vorschriften gelten auch, wenn Sie z.B. einen Werbefilm über das eigene Unternehmen drehen wollen, bei dem Ihre Facebook-Aktivitäten und damit auch die Marke Facebook eine Rolle spielen.

Das Recht von Facebook, hierüber zu bestimmen, folgt aus dem Markenrecht: Facebook ist Inhaber der Markenrechte an dem Wort »Facebook«, an der Wort-Bildmarke »Facebook« und an allen erdenklichen Ausgestaltungen des Facebook-»f« und beispielsweise des »Gefällt mir«-Daumens. Die Nutzung dieser Marken ist – unabhängig von den »Facebook Brand Permissions« – auch nach dem deutschen Markenrecht grundsätzlich nur mit Zustimmung des Markeninhabers (also Facebook) erlaubt.

Examples of non-compliant icons and logos:

Brand Permissions – Was ist erlaubt?

Um zu wissen, wann, wo, wie und wie lange Sie eine Facebook-Marke nutzen dürfen, ist also ein Blick in die »Brand Permissions« unerlässlich. Die Informationen zur Verwendung der Marke Facebook finden Sie, derzeit nur in englischer Sprache, auf der Seite facebookbrand.com.

Zu jedem Logo und auch zu Screenshots von der Seite Facebook werden klare Regeln mit »Do« und »Don't« gelistet. Dabei wird jeweils zwischen den Verwendungsformen Online, Druck und Verpackung sowie Film und Fernsehen (im englischen »broadcast«) unterschieden. Zudem werden die Logos zum Download in hoher Qualität bereitgestellt. Die dort bereitgestellten Logos und keine anderen sollten Sie auch nutzen, um Ärger zu vermeiden!

Generell erlaubt ist nach diesen Permissions z.B. der Verweis auf eine eigene Facebook-Seite oder -Gruppe oder auf über Facebook angebotene Anwendungen. Sie dürfen also z.B. kostenlos und risikofrei das offizielle Facebook-Logo, wie auf facebookbrand.com bereitgestellt, auf Ihrer Website als Hinweis auf Ihre Facebook-Unternehmensseite verwenden – und über dieses Logo auch auf Ihre Facebook-Seite verlinken.

Beachten sollten Sie aber, dass es nicht erlaubt ist, das Logo von Facebook in irgendeiner Weise zu bearbeiten. Das bedeutet zum Beispiel, dass Sie keinen grünen Like-Button einsetzen dürfen, nur weil die beherrschende Farbe Ihres Corporate Designs grün ist. Denn das Corporate Design von Facebook ist nun einmal blau, und es darf nur ein blauer Like-Button in einer ganz bestimmten Größe und nur wie von Facebook zur Verfügung gestellt verwendet werden.

Beispiel Brand Permissions: Aus »facebox« wird »neybox«

An einer Vielzahl realer Beispiele kann man erkennen, dass Facebook den Schutz seiner Marken ernst nimmt und gegen (vermeintliche) Rechtsverletzer vorgeht – auch wenn der Anlass vollkommen banal scheint.

Wie ernst Facebook den Schutz seiner Marke nimmt, musste etwa die ostfriesische Insel Norderney im Sommer 2012 erfahren. Das Staatsbad von Norderney hatte einen alten Badekarren aufgestellt, in dem Gäste Videobotschaften aufnehmen und diese anschließend über das Internet versenden konnten. Dieser Karren wurde »facebox« genannt und mit einem entsprechendem Schriftzug versehen.

Facebook ging wegen Namensähnlichkeit hiergegen vor und untersagte der Insel die weitere Verwendung des Namens. Das Deutsche Patent- und Markenamt entschied mit einem Beschluss zugunsten von Facebook, da »Facebook« und »Facebox« sich nur in zwei Buchstaben unterscheide und eine Verwechslung sich nicht ausschließen ließe. Dies gelte insbesondere wegen der sich ähneln-den, dunkel klingenden Vokale »o« und »u«, die ein sicheres Auseinanderhalten der Marken »unter ungünstigen akustischen Bedingungen« (z.B. am Telefon) nicht gewährleisten.

Die Inselverwaltung ließ daraufhin den Schriftzug des Badekarrens in »neybox« ändern. Immerhin konnten sich Norderney und die Marketingabteilung der dortigen Inselverwaltung über eine Menge Aufmerksamkeit und damit kostenlose Werbung freuen, und vermutlich setzen sich ab sofort noch mehr Urlauber und Einheimische in die neybox …

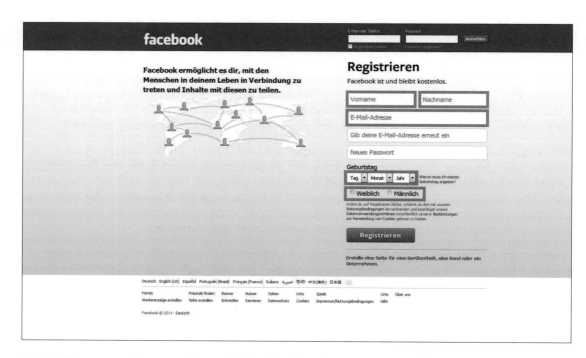

Beispiel für personenbezogene Daten, die Facebook bei der Registrierung abfragt

Datenschutz – Die Grundlagen

Datenschutz ist gerade im Internet – und ganz besonders im Zusammenhang mit Social-Media-Kanälen wie Facebook – ein wichtiges und viel diskutiertes Thema, das auch für Sie als Betreiber einer Facebook-Seite eine große Rolle spielt, etwa wenn Sie Nutzerdaten einsammeln.

Gegenstand des Datenschutzes sind **personenbezogene Daten**, also Angaben über persönliche oder sachliche Verhältnisse einer bestimmten/bestimmbaren natürlichen Person wie z.B. Name, Adresse, E-Mail-Adresse, Telefonnummer, Alter etc. Mit etlichen dieser Daten wird im Internet mehr oder minder großzügig umgegangen, um eine »sinnvolle« Nutzung von Plattformen wie Facebook zu ermöglichen – das fängt schon bei der Registrierung als Nutzer an. Im Gegensatz dazu sind anonymisierte bzw. pseudonymisierte Daten keine personenbezogenen Daten und fallen nicht unter das Bundesdatenschutzgesetz.

Der wichtigste Grundsatz in diesem Zusammenhang lautet: Die Erhebung (= Datenbeschaffung), Verarbeitung (= Speicherung, Änderung, Übermittlung, Sperrung, Löschung) oder Nutzung (= sonstige Verwendung) personenbezogener Daten ist in Deutschland grundsätzlich **verboten, außer** sie ist per Gesetz erlaubt oder der Betroffene hat **eingewilligt**. Wann immer Sie mit dem Gedanken spielen, über Ihre Facebook-Unternehmensseite Nutzerdaten einzusammeln (z.B. im Rahmen eines Gewinnspiels!), müssen Sie diesen Grundsatz beachten.

So darf ein Diensteanbieter im Internet personenbezogene Daten eines Nutzers nach dem Bundesdatenschutzgesetz zum Beispiel erheben und verwenden, soweit dies für die Begründung, inhaltliche Ausgestaltung oder Änderung eines Vertragsverhältnisses erforderlich ist. Es ist also datenschutzrechtlich unbedenklich, wenn ein Verkäufer in einem Online-Shop personenbezogene Daten abfragt und speichert, wenn und solange er diese Daten für die Durchführung des Kaufvertrages benötigt. Nicht anders ist es rechtlich, wenn sich eine Person z.B. bei einem sozialen Netzwerk wie Facebook registriert und dabei Name und E-Mail-Adresse angibt – denn auch die kostenlose Registrierung bei Facebook ist ein Vertrag.

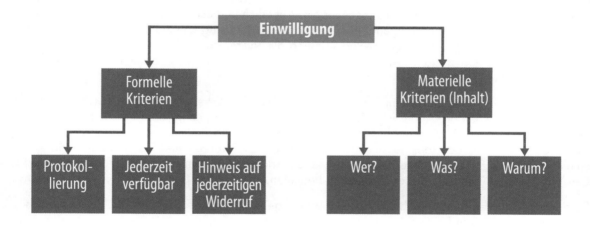

Datenschutzerklärung und Einwilligung

Um eine datenschutzrechtliche Einwilligung werden die meisten Internetnutzer im Zusammenhang mit der Bestätigung der Datenschutzerklärung gebeten. Auf Facebook kann das etwa im Rahmen einer Gewinnspiel-Applikation geschehen.

Oft wählen Anbieter dabei – wie übrigens auch bei der Bestätigung von AGB – die sogenannte »Häkchenlösung«. Das bedeutet, dass der Nutzer aktiv einen Haken in einen Kasten setzen muss, mit dem er bestätigt, dass er die Datenschutzerklärung gelesen und akzeptiert hat. Es stellt sich die Frage, ob eine Datenschutzerklärung nur wirksam wird, wenn für deren Bestätigung diese »Häkchenlösung« gewählt wird, oder ob auch ein deutlicher Hinweis auf die Datenschutzerklärung ausreichend wäre. Die Antwort auf diese Frage lautet, dass ein deutlicher Hinweis auf die verlinkte Erklärung grundsätzlich ausreicht. Die »Häkchenlösung« ist also keinesfalls zwingend. Oft wird sie aber dennoch gewählt, weil dadurch im Streitfall der Beweis erleichtert wird, dass der Nutzer der Erklärung tatsächlich zugestimmt hat.

Ausnahmsweise – und abhängig von der geplanten Datennutzung – kann darüber hinaus das sogenannte »Double-Opt-In-Verfahren« erforderlich sein, zum Beispiel wenn Sie Nutzerdaten für Marketingzwecke, z.B. für den Versand von E-Mail-Newslettern nutzen möchten. Für diese Fälle schreibt das Wettbewerbsrecht (§ 7 Abs. 2 UWG) eine ausdrückliche Einwilligung des Nutzers vor. Da es theoretisch denkbar ist, dass ein Internet-Nutzer einfach die E-Mail-Adresse eines anderen Internet-Nutzers in das Bestellfeld für den Newsletter-Versand eingibt, können Sie die ausdrückliche Einwilligung nur nachweisen, wenn Sie sich die Newsletter-Anforderung anschließend über das E-Mail-Konto des bestellenden Nutzers bestätigen lassen. Und genau das nennt man »Double-Opt-In«.

Insgesamt gilt, dass nur eine Einwilligung, die dem Prinzip der »informierten Einwilligung« gerecht wird, wirksam ist: Sie müssen also den Nutzer über Art, Umfang und Zweck der Daten-erhebung, -verarbeitung und -nutzung umfassend und wahrheitsgemäß aufklären, z.B. darüber, welche Daten in welchem Umfang und zu welchem Zweck erhoben werden und an wen Daten weitergegeben werden.

Abrufbarkeit der Datenschutzerklärung

Sie können die Datenschutzerklärung jederzeit von jeder Seite dieses Internetangebots unter dem Link „Datenschutz" abrufen. Bitte nehmen Sie zur Kenntnis, dass Änderungen des Angebots, gesetzliche und rechtliche Neuerungen sowie ggf. nachträglich erkannte Regelungslücken Änderungen dieser Datenschutzerklärung erforderlich werden lassen können.
Fragen und Auskunftsrecht

Wenn Sie Fragen haben, die Ihnen diese Datenschutzerklärung nicht beantworten konnte oder wenn Sie zu einem Punkt vertiefte Informationen wünschen, wenden Sie sich bitte jederzeit an seevogel@lausen.com.

Kontakt Impressum Datenschutz

Design Linkable

Die Datenschutzerklärung muss jederzeit abrufbar sein.

Datenschutzerklärung und Einwilligung (Forts.)

Außerdem muss die Datenschutzerklärung jederzeit verfügbar bzw. abrufbar und in allgemein verständlicher Form abgefasst sein. Die Datenschutzerklärung darf zum Beispiel nicht in Ihren AGB versteckt sein, und es ist auch nicht ratsam, Datenschutzhinweise im Impressum einer Seite zu integrieren. Setzen Sie die Datenschutzerklärung im Zweifel **auf einer extra Seite** auf – vergleichbar mit dem Impressum – verlinkt im Footer der Seite.

Last but not least muss die Einwilligungserklärung Hinweise auf die Möglichkeit zum Widerruf der Einwilligung und auf das Recht des Nutzers zur jederzeitigen Löschung seiner Daten enthalten – auch bezogen auf die Verwendung von Cookies und Log-Files/IP-Adressen. Für die Ausübung der Widerrufsrechte des Nutzers ist außerdem die Angabe Ihrer Unternehmens-Kontaktdaten erforderlich. Dafür muss in der Datenschutzerklärung darauf hingewiesen werden, beispielsweise mit einer Formulierung wie »Sie können die nach dieser Datenschutzerklärung erteilten Einwilligungen jederzeit für die Zukunft widerrufen, zum Beispiel per E-Mail an …«.

Praxis-Tipp

Eine informierte und umfassende Einwilligungserklärung ist nicht nur gesetzlich vorgeschrieben, sondern schafft auch **Transparenz** und erhöht Ihre unternehmerische Glaubwürdigkeit. Außerdem kann Sie Ihnen – bei Zustimmung durch die Nutzer in Verbindung mit einem Double-Opt-In-Verfahren – weitergehende Möglichkeiten der Datennutzung verschaffen.

Datum der letzten Überarbeitung: 10. Februar 2014

Facebook-Werberichtlinien

Werbephilosophie

Wir von Facebook glauben, dass Werbeanzeigen zum allgemeinen Nutzererlebnis beitragen und mit diesem in Einklang stehen sollen. Die besten Werbeanzeigen sind diejenigen, die je nach Art der Interaktion der Nutzer und ihrer Freunde sowie der Art der Verbindung dieser zu Marken, Künstlern und Unternehmen, die ihnen wichtig sind, auf den individuellen Nutzer zugeschnitten sind. Diese Richtlinien sind nicht als rechtliche Beratung gedacht und die Einhaltung dieser Richtlinien stellt nicht unbedingt eine Rechtskonformität dar. Werbetreibende sind dafür verantwortlich sicherzustellen, dass ihre Werbeanzeigen sämtlichen geltenden Gesetzen, Verordnungen und Vorschriften entsprechen.

Zusätzliche Beispiele und Erläuterungen zu unseren Richtlinien findest du im Hilfebereich.

I. Allgemeines

A. Unsere Werberichtlinien bestehen aus Kriterien zu Werbeinhalten, Gemeinschaftsstandards und sonstigen geltenden Anforderungen.

B. Die Werberichtlinien sowie unsere Datenverwendungsrichtlinien und die Erklärung der Rechte und Pflichten gelten für alle Werbeanzeigen und kommerziellen Inhalte („Werbeanzeigen"), die von Facebook zur Verfügung gestellt werden bzw. auf Facebook erscheinen (einschließlich Werbeanzeigen, die im Rahmen der AAAA/IAB Standard-Geschäftsbedingungen erworben werden).

C. Werbeanzeigen, die innerhalb von Apps auf der Facebook-Plattform angezeigt werden, müssen sämtlichen zusätzlichen Richtlinien der Facebook-Plattform entsprechen.

D. Werbeanzeigen, die über Seitenbeiträge erzeugt werden, sowie Werbeanzeigen, die eine Verlosung, einen Wettbewerb, ein Preisausschreiben bzw. Angebot unterstützen, müssen außerdem die Nutzungsbedingungen für Seiten einhalten.

E. Werbeanzeigen dürfen keine falschen, irreführenden, betrügerischen oder täuschenden Behauptungen oder Inhalte enthalten.

F. Du darfst nicht mehr als einen Werbetreibenden bzw. Kunden über ein einziges Werbekonto verwalten und auch nicht den mit einem bestehenden Werbekonto verbundenen Werbetreibenden oder Kunden austauschen.

G. Wenn du Custom Audiences verwendest, musst du die Bedingungen für Custom Audiences einhalten.

II. Daten und Privatsphäre

A. Keine aus einer Werbeanzeige auf Facebook, Schaltung einer Werbeanzeige durch Facebook bzw. Interaktion von Facebook-Nutzern mit einer Werbeanzeige auf Facebook erfassten, gewonnenen oder erhaltenen Daten (wie beispielsweise aus Kriterien für eine Zielgruppe abgeleiteter Informationen) („Facebook-Werbedaten") dürfen Rechtsträger, die nicht im Namen eines Facebook-Werbetreibenden handeln, erhalten oder verwenden.

B. Du darfst Facebook-Werbedaten nicht für irgendeinen Zweck (u. a. Neuausrichtung, Vermischung von Daten über Kampagnen von verschiedenen Werbetreibenden hinweg bzw. das Erlauben von Huckepack- oder Umleitungsverfahren mit Markierungen) nutzen; ausgenommen sind Daten in zusammengefasster und anonymisierter Form zur Bewertung der Leistung und Effektivität deiner Werbekampagnen auf Facebook. Auf keinen Fall darfst du Facebook-Werbedaten, einschließlich deiner Zielgruppenkriterien für eine Facebook-Werbeanzeige, für den Aufbau bzw. die Erweiterung von Nutzerprofilen verwenden, dazu gehören auch Profile, die mit irgendeiner Kennung für mobile Geräte oder einer sonstigen eindeutigen Kennung verknüpft sind, die irgendeinen speziellen Nutzer, Browser, Computer oder ein spezielles Gerät identifizieren.

C. Du kannst Informationen verwenden, die dir direkt von Nutzern zur Verfügung gestellt werden, wenn du das diesen Nutzern klar und deutlich mitteilst, deren Einverständnis einholst sowie sämtliche geltenden Gesetze und Branchenrichtlinien beachtest.

D. Du darfst weder direkt noch indirekt Daten an irgendein Werbenetzwerk, einen Werbeaustauschdienst, einen Datenvermittler oder eine sonstige Partei, die nicht im Namen eines Werbetreibenden handelt, und die Werbekampagnen des Werbetreibenden auf Facebook übertragen oder verkaufen bzw. solche Daten im Zusammenhang mit den Vorgenannten verwenden. Mit indirekt meinen wir, dass du beispielsweise keine Daten an Dritte übertragen darfst, die diese dann an ein Werbenetzwerk übertragen.

Facebook-Regeln zum Datenschutz

Auch Facebook selbst macht Vorgaben hinsichtlich des Umgangs mit Daten von Dritten. So sagen die **Facebook-Werberichtlinien**, die für Werbeanzeigen bzw. Werbekampagnen auf Facebook und die bei deren Auswertung gewonnenen Daten gelten: Daten, die mittels Werbung auf Facebook erfasst, gewonnen oder erhalten wurden, dürfen nur von dem Werbenden selbst verwenden werden. Das heißt, es ist vor allem der direkte Verkauf von Daten an Dritte verboten. Und auch der Werbende selbst darf diese Daten nur für den Zweck der Bewertung der Leistung und Effektivität einer Facebook-Werbekampagne in zusammengefasster und anonymisierter Form verwenden.

Allerdings dürfen – auch im Zusammenhang mit Werbung – gewonnene Informationen nur unter vier eng gefassten Voraussetzungen umfangreicher verwendet werden:

1. Wenn sie direkt von Nutzern zur Verfügung gestellt werden,

2. die Verwendung den Nutzern zuvor klar und deutlich mitgeteilt wurde,

3. die Nutzer sich mit der Verwendung einverstanden erklären und

4. sämtliche geltenden Gesetze und Branchenrichtlinien beachtet werden.

Auch in diesen Fällen ist jedoch eine Weitergabe an Dritte ausdrücklich nicht erfasst.

Praxis-Tipp

Im Zusammenhang mit dem Umgang von durch Werbung gewonnenen Daten hat Facebook inzwischen strenge Regeln, die übrigens auch für im Rahmen von Facebook-Apps gewonnene Daten gelten. Diese sind nicht zuletzt auf das wirtschaftliche Eigeninteresse an einer Verwendung der Daten durch Facebook selbst zurückzuführen. Bei Zweifeln, ob die geplante Verwendung von Daten mit den Richtlinien übereinstimmt, erscheint es ratsam, sich mit Facebook abzustimmen!

oreillyblog
NEUES AUS DEM O'REILLY VERLAG

Was ist Ethernet?

12.08.2014 | Autor: Anja Bilstein | Posted in Bücher, Merkwürdige Begriffe, Technologie

[f Gefällt mir] 4   [g+1] 2   [Twittern] 2

Ethernet ist eine beliebte Netzwerktechnologie, die es erlaubt, eine Vielzahl an Computern und Geräten in einem kostengünstigen und sehr flexiblen Netzwerk (Local Area Networks, kurz LANs) zusammenzuschließen. Es spezifiziert dabei über seine Protokolle die Software (Übertragungsformen) und Hardware (Kabel, Stecker etc.) für kabelgebundene Datennetze.

Entwickelt wurde Ethernet in den 1970er Jahren von Robert Metcalfe in Zusammenarbeit mit David Boggs. Als sie im Xerox Palo Alto Research Center mit der Aufgabe betraut wurden, die Firmenrechner miteinander zu vernetzen, konzipieren sie es auf der Basis des bereits bestehenden funkbasierten Computernetzwerks ALOHAnet der Universität von Hawaii. Der erste experimentelle Versuch eines Ethernet-Netzwerksystems hatte 1972 eine Übertragungsrate von 2,94 Mb/s.

Robert Metcalf verließ Xerox 1979 und gründete seine eigene Firma 3Com, einen Hersteller von Komponenten für Computernetzwerke. In der folgenden Zeit konnte er die Firmen DEC, Intel und Xerox von einer Zusammenarbeit überzeugen, mit dem Ziel, Ethernet zum Standard für LANs zu machen. Und sie waren erfolgreich: In den 1990ern wurde es zur meistverwendeten LAN-Technik und gehört nun zum Standard im LAN-Bereich. Ethernet bietet heute mannigfaltige Technologien für die unterschiedlichsten Bedürfnisse: Es wird sowohl verwendet, um private Heimnetzwerke, Büro- und Campus-Netzwerke als auch ganze Städte umfassende Netzwerke zu erstellen.

Heute sind verschiedene Übertragungsraten spezifiziert: von 10Megabit/s, 100

Kolophon - der Podcast

der Podcast bei iTunes
der Podcast-Feed

Letzte Beiträge

Datenschutz und der Like-Button

Das bekannteste Social Plugin ist der sogenannte **Facebook-Like-Button**, auch Gefällt mir-Button genannt. Der Nutzer kann über diesen Button seinen Gefallen ausdrücken, z.B. bezüglich einer Sache, Person, eines Unternehmens, eines Produkts oder einer Dienstleistung. Dieses Social Plugin wird in der Regel direkt auf der Website eingebunden, auf der sich der zu »likende« Inhalt befindet. Der »Like«-Button ist, wie alle anderen Social Plugins, auch datenschutzrechtlich relevant.

Um zu verstehen, warum ein Facebook Social Plugin datenschutzrechtlich relevant ist, muss man sich zunächst die technischen Grundfunktionen dieses Plugins vor Augen führen:

1. Es stellt über den Browser des Nutzers eine direkte Verbindung mit den Servern von Facebook her.

2. Es gibt Facebook die Information, dass eine bestimmte Webseite durch den Nutzer aufgerufen wurde.

3. Es erfasst sämtliche Interaktionen des Nutzers mit den Social Plugins (z.B. Klicken des Like-Buttons, Erstellen eines Kommentars etc.), ordnet sie seinem Facebook-Profil zu und speichert die Informationen bei Facebook (vorausgesetzt, der Nutzer ist dort eingeloggt).

4. Es speichert möglicherweise selbst dann die IP-Adresse bei Facebook, wenn der Nutzer **kein Facebook-Profil** hat.

Was das Social Plugin sonst für Daten sammelt und was Facebook genau mit den Daten macht, weiß nur Facebook selbst. Einen ersten Überblick hierzu können Sie in den **Facebook-Datenverwendungsrichtlinien** gewinnen.

Auf den Servern von Facebook erfolgt jedenfalls eine Zuordnung zum jeweiligen Facebook-Konto – die Informationen werden vernetzt und ein individuelles Nutzerprofil erstellt. An unsere Vorlieben angepasst, blendet Facebook dann Werbung ein. Wem der FC Bayern gefällt, der könnte so zum Beispiel Werbung für Online-Portale von Tageszeitungen mit aktuellen News zum FCB eingeblendet bekommen – und eben keine Werbung für den Fanshop von Borussia Dortmund!

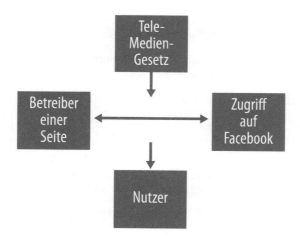

Das Telemediengesetz trifft Regelungen darüber, wie der Betreiber einer Internetseite seine Nutzer darüber aufzuklären hat, dass auf der Internetseite Facebook Social Plugins eingebunden sind, über die ein Zugriff auf die Server von Facebook erfolgt.

Datenschutz und Social Plugins

Was ist das Problem mit den Social Plugins wie dem Like- bzw. Gefällt mir-Button, und kommt es beim Einsatz von Social Plugins möglichweise zu einer Kollision mit dem deutschen Datenschutzrecht? Haben Sie ein Social Plugin auf Ihrer Website installiert, sammelt dieses Plugin personenbezogene Daten und zwar auch dann, wenn ein Internet-User nur Ihre Website besucht – nicht erst, wenn eine tatsächliche Interaktion geschieht. Das Gesetz sagt:

> *Der Diensteanbieter hat den Nutzer [...] über Art, Umfang und Zwecke der Erhebung und Verwendung personenbezogener Daten [...] zu unterrichten. (§ 13 TMG).*

Was bedeutet das für Sie in der Praxis? **Sie müssen eine Verwendung des Like-Buttons unbedingt in Ihrer Datenschutzerklärung angeben!** Sie müssen – eigentlich bevor die Plugins aktiviert werden – über Art, Umfang und Zweck der Datenerhebung aufklären, auch wenn Ihre Website nur der sprichwörtliche Türöffner zu Facebook ist und Facebook – und nicht Sie selbst – die Daten Ihrer Seitenbesucher erhebt und weiterverarbeitet. Das Problem dabei ist, dass Sie nicht im Detail wissen, was mit den Daten bei Facebook passiert, und deshalb den Nutzer nicht umfassend darüber aufklären können. Bereits aus diesem Grund erscheint es fast unmöglich, die datenschutzrechtlichen Vorgaben einzuhalten. Sie sollten aber zumindest versuchen, die Nutzer so weit es geht durch entsprechende Hinweise in Ihrer Datenschutzerklärung zu informieren (dazu unten Seite 193). Denn bei vollständig fehlendem Hinweis in der Datenschutzerklärung auf die Nutzung der Social Plugins liegt **immer ein eindeutiger Verstoß** gegen § 13 Abs. 1 TMG vor!

Schließlich ist auch § 15 TMG zu beachten, der lautet:

> *Der Diensteanbieter darf personenbezogene Daten eines Nutzers nur erheben und verwenden, soweit dies erforderlich ist, um die Inanspruchnahme von Telemedien zu ermöglichen.*

Nun kann man darüber streiten, ob der Like-Button für den Betrieb und die Vermarktung einer Internetseite erforderlich ist. Dass der Button aber die IP-Adresse auch von Nicht-Facebook-Mitgliedern speichert, ist sicher nicht erforderlich. Eine nach deutschem Datenschutzrecht saubere Verwendung von Facebook Social Plugins ist daher wohl nicht möglich.

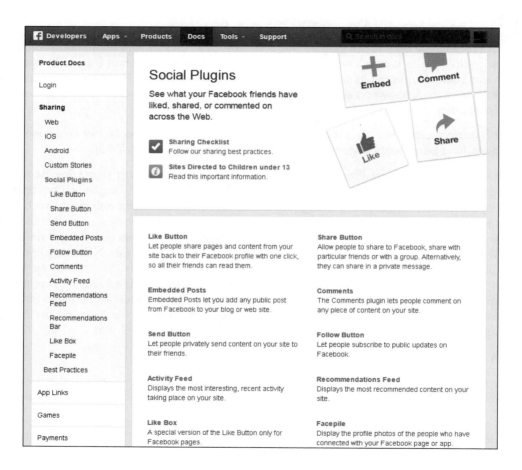

Product Docs

Login

Sharing

Web

iOS

Android

Custom Stories

Social Plugins

   Like Button

   Share Button

   Send Button

   Embedded Posts

   Follow Button

   Comments

   Activity Feed

   Recommendations Feed

   Recommendations Bar

   Like Box

   Facepile

Best Practices

App Links

Games

Payments

Social Plugins

See what your Facebook friends have liked, shared, or commented on across the Web.

✓ **Sharing Checklist**
Follow our sharing best practices.

ⓘ **Sites Directed to Children under 13**
Read this important information.

Like Button
Let people share pages and content from your site back to their Facebook profile with one click, so all their friends can read them.

Share Button
Allow people to share to Facebook, share with particular friends or with a group. Alternatively, they can share in a private message.

Embedded Posts
Embedded Posts let you add any public post from Facebook to your blog or web site.

Comments
The Comments plugin lets people comment on any piece of content on your site.

Send Button
Let people privately send content on your site to their friends.

Follow Button
Let people subscribe to public updates on Facebook.

Activity Feed
Displays the most interesting, recent activity taking place on your site.

Recommendations Feed
Displays the most recommended content on your site.

Like Box
A special version of the Like Button only for Facebook pages.

Facepile
Display the profile photos of the people who have connected with your Facebook page or app.

Social Plugins so sicher wie möglich nutzen

Die Nutzung von Social Plugins kann aber für die Vermarktung eines Unternehmens wirtschaftlich so bedeutsam sein, dass vernünftigerweise und unter Berücksichtigung der bestehenden Risiken nicht vollständig von einer Nutzung abgeraten werden kann. Das Risiko kann erheblich minimiert werden, wenn in der Datenschutzerklärung so umfassend wie irgend möglich auf die Nutzung und Funktionalität der Social Plugins hingewiesen wird. Datenschutzbehörden werden im Zweifel zunächst gegen solche Webseitenbetreiber vorgehen, die überhaupt keine Angaben zu den Social Plugins in der Datenschutzerklärung machen. Auch bei einem potenziellen Rechtsstreit mit einem Wettbewerber können möglichst umfassende Angaben zu den Social Plugins helfen. Auch die sogenannte »Zwei-Klick-Lösung«, die von einigen Webseitenbetreibern genutzt wird und bei der die Social Plugins erst aktiviert werden, wenn der Nutzer sie einschaltet, minimiert das rechtliche Risiko. Der gewünschte Marketing-Erfolg ist dadurch allerdings erheblich eingeschränkt und Rechtssicherheit auch damit nicht erreicht. Denn auch im Rahmen der Zwei-Klick-Lösung ist eine umfassende Aufklärung des Nutzers nicht möglich, weil nicht bekannt ist, was genau mit dessen Daten bei Facebook passiert. Für den ungünstigsten Fall eines rechtlichen Vorgehens durch Datenschutzbehörden oder Wettbewerber sollten Sie deshalb Rückstellungen bilden.

Praxis-Tipp

Gehen Sie mit der Einbindung von Social Plugins im Zweifel sparsam um, und setzen Sie nur solche Social Plugins ein, die aus Marketingsicht einen erheblichen Mehrwert bedeuten. Alternativ können Sie eine nach den »Facebook Brand Permissions« (vgl. dazu Seite 171 ff.) zulässige Logo-Grafik einbinden und damit auf Ihre Facebook-Seite verlinken. Wichtig ist außerdem: Beobachten Sie die Rechtslage und reagieren Sie gegebenenfalls schnell, wenn sich ein strengeres Vorgehen von Datenschutzbehörden oder ein von der Rechtsprechung begünstigtes umfassendes Vorgehen von Wettbewerbern gegen Ihr Unternehmen abzeichnet. Blogs und Internetforen zum Thema Facebook & Recht, zum Beispiel das Blog des Autors, halten Sie hier immer auf dem Laufenden.

Die Gerichte in Berlin und Hamburg sind sich nicht darüber einig, ob ein Verstoß gegen die Aufklärungspflicht aus § 13 TMG auch einen Wettbewerbsverstoß darstellt, der zu Ansprüchen von Konkurrenzunternehmen aus dem UWG führt.

Praxis-Tipp

Ein neueres Urteil des OLG Hamburg bedeutet für Sie, dass Sie wegen aller erdenklichen Fehler in Ihrer Datenschutzerklärung von Konkurrenten abgemahnt werden können. Sichern Sie sich daher durch eine **»saubere« Datenschutzerklärung** ab, und lassen Sie im Zweifel prüfen, ob Ihre aktuelle Datenschutzerklärung den Vorgaben entspricht. In jedem Fall muss auf den Einsatz von Social Plugins, Tracking Tools und Cookies sowie auf die Möglichkeit des Widerrufs einer etwaigen Einwilligung in die Datenverarbeitung hingewiesen werden.

Social Plugins – Mögliche Folgen bei Verstößen

Wenn Sie gegen Ihre oben aufgezeigte Pflicht aus § 13 TMG verstoßen, den Internetnutzer über Art, Umfang und Zwecke der Erhebung und Verwendung seiner personenbezogener Daten zu informieren, kann dieser Verstoß als Ordnungswidrigkeit von Datenschutzbehörden mit einem **Bußgeld von bis zu 50.000 €** geahndet werden.

Unter Umständen haben auch Mitbewerber oder Interessenverbände das Recht, wegen eines solchen Verstoßes gegen Sie vorzugehen – ähnlich wie bei der Verletzung der Impressumspflicht nach § 5 TMG. Wenn § 13 TMG eine Vorschrift ist, die das Marktverhalten unter Wettbewerbern regeln soll, wäre ein Verstoß gegen § 13 TMG zugleich eine Verletzung von § 4 Nr. 11 UWG, also eine Verletzung des Wettbewerbsrechts. Solch ein Verstoß wäre **abmahnfähig durch Wettbewerber**. Ob ein Verstoß gegen § 13 TMG zugleich ein Wettbewerbsverstoß ist, ist unter den Experten und derzeit in der Rechtsprechung noch nicht abschließend geklärt:

Das LG Berlin und das Kammergericht Berlin sehen keinen Wettbewerbsverstoß, wenn ein Unternehmen keine oder eine nicht ausreichende Datenschutzerklärung vorhält. Anders sieht es das OLG Hamburg und geht davon aus, dass eine unrichtige Datenschutzerklärung auch einen Wettbewerbsverstoß darstellt. Nur wenn ein Gericht einen Verstoß gegen das Wettbewerbsrecht bejaht, kann auch ein Konkurrent wegen einer Verletzung des Datenschutzrechts aktiv werden, sprich den Rechtsverstoß des Wettbewerbers kostenpflichtig abmahnen.

Im konkreten Fall vor dem OLG Hamburg hatte ein Seitenbetreiber Social Plugins verwendet, ohne auf diese ausdrücklich in der Datenschutzerklärung hinzuweisen. In dem fehlenden Hinweis auf Art und Weise der Datenerhebung durch Social Plugins sahen die Richter einen Verstoß gegen das Wettbewerbsrecht, der von Wettbewerbern erfolgreich kostenpflichtig abgemahnt werden kann – ähnlich wie ein Verstoß gegen die Impressumspflicht.

Wenn Sie Google Plus-Mitglied sind und nicht möchten, dass Google über diese Website Daten über Sie sammelt und mit Ihren bei Google gespeicherten Mitgliedsdaten verknüpft, müssen Sie sich vor Ihrem Besuch unseres Internetauftritts bei Google Plus ausloggen.

Verwendung von Facebook Social Plugins

Unsere Internetpräsenz nutzt sog. Social Plugins des sozialen Netzwerkes facebook.com ("Facebook"). Facebook wird von der Facebook Inc., 1601 S. California Ave, Palo Alto, CA 94304, USA betrieben. Detaillierte Hinweise zu den Funktionen der einzelnen Plugins und deren Erscheinungsbild finden Sie auf der folgenden Webseite:**http://developers.facebook.com/docs/plugins/**

Diejenigen Webseiten unserer Internetpräsenz, die Facebook Social Plugins enthalten, stellen über Ihren Browser eine direkte Verbindung mit den Servern von Facebook her, wenn Sie von Ihnen geöffnet werden. An Facebook wird dadurch die Information übermittelt, dass die das Social Plugin enthaltende Seite unseres Internetangebots von Ihnen aufgerufen wurde.

Soweit Sie zu diesem Zeitpunkt bei Facebook eingeloggt sind, können der Besuch unserer Seiten sowie sämtliche Ihrer Interaktionen im Zusammenhang mit den Social Plugins (z.B. Klicken des „Like"-Buttons, Erstellen eines Kommentars etc.) Ihrem Facebook-Profil zugeordnet und bei Facebook gespeichert werden. Selbst wenn Sie kein Facebook-Profil haben, ist nicht auszuschließen, dass Facebook Ihre IP-Adresse speichert.

Hinsichtlich des Zwecks und Umfangs der Datenerhebung sowie der Verarbeitung und Nutzung der Daten durch Facebook verweisen wir auf die Facebook-Datenschutzrichtlinien:**http://www.facebook.com /policy.php**. Dort finden Sie außerdem eine Übersicht der Einstellungsmöglichkeiten in Ihrem persönlichen Facebook-Profil zum Schutz Ihrer Privatsphäre und Ihre damit zusammenhängenden Rechte.

Um zu verhindern, dass Facebook die oben genannten Daten durch Ihren Aufenthalt auf unserem Internetangebot sammelt, loggen Sie sich vor Ihrem Besuch unserer Seite bei Facebook aus. Um einen generellen Zugriff von Facebook auf Ihre Daten auf unseren und auf sonstigen Webseiten zu verhindern, können Sie Facebook Social-Plugins durch ein Add-On für Ihren Browser (z.B. „Facebook-Blocker", **http://webgraph.com/resources/facebookblocker**) ausschließen.

Verwendung von Cookies und WordPress.com Stats

Auf verschiedenen Seiten und innerhalb des Tracking-Tools WordPress.com Stats verwendet diese Website Cookies, um den Besuch der Website attraktiv zu gestalten und die Nutzung bestimmter Funktionen zu ermöglichen und zu verbessern. Hierbei handelt es sich um kleine Textdateien, die auf Ihrem Rechner

Social Plugins – Beispieltexte für Ihre Website

Beispielhafte Texte für die Verwendung in Ihrer Datenschutzerklärung könnten wie folgt lauten:

Verwendung von Social Plugins

»Unsere Internetpräsenz nutzt sogenannte Social Plugins des sozialen Netzwerkes facebook.com (»Facebook«). Facebook wird von der Facebook Inc., 1601 S. California Ave, Palo Alto, CA 94304, USA betrieben. Detaillierte Hinweise zu den Funktionen der einzelnen Plugins und deren Erscheinungsbild finden Sie auf der folgenden Webseite: http://developers.facebook.com/docs/plugins/.«

Achtung! Falls Sie auch andere Social Plugins verwenden (Twitter, Google+ etc.), müssen Sie diese Regelung für diese Plugins ergänzen.

Funktionsweise der Plugins

»Diejenigen Webseiten unserer Internetpräsenz, die Facebook Social Plugins enthalten, stellen über Ihren Browser eine direkte Verbindung mit den Servern von Facebook her, wenn sie von Ihnen geöffnet werden. An Facebook wird dadurch die Information übermittelt, dass die das Social Plugin enthaltende Seite unseres Internetangebots von Ihnen aufgerufen wurde. Wenn Sie zu diesem Zeitpunkt bei Facebook eingeloggt sind, können der Besuch unserer Seiten sowie sämtliche Ihrer Interaktionen im Zusammenhang mit den Social Plugins (z.B. Klicken des Like-Buttons, Erstellen eines Kommentars etc.) Ihrem Facebook-Profil zugeordnet und bei Facebook gespeichert werden. Selbst wenn Sie kein Facebook-Profil haben, ist nicht auszuschließen, dass Facebook Ihre IP-Adresse speichert.«

Beispiel für Facebook-Plugin-Blocker, auf die Sie die Besucher Ihrer Website in der Datenschutzerklärung hinweisen sollten.

Social Plugins – Beispieltexte für Ihre Website (Forts.)

Verlinkung auf Facebook-Datenschutzrichtlinien

»Hinsichtlich des Zwecks und Umfangs der Datenerhebung sowie der Verarbeitung und Nutzung der Daten durch Facebook verweisen wir auf die Facebook-Datenschutzrichtlinien: http://www.facebook.com/policy.php. Dort finden Sie außerdem eine Übersicht der Einstellungsmöglichkeiten in Ihrem persönlichen Facebook-Profil zum Schutz Ihrer Privatsphäre und Ihre damit zusammenhängenden Rechte.«

Möglichkeiten zur Verhinderung des Datensammelns

»Um zu verhindern, dass Facebook die oben genannten Daten durch Ihren Aufenthalt auf unserem Internetangebot sammelt, loggen Sie sich vor Ihrem Besuch unserer Seite bei Facebook aus. Um einen generellen Zugriff von Facebook auf Ihre Daten auf unseren und auf sonstigen Webseiten zu verhindern, können Sie Facebook Social Plugins durch ein Add-On für Ihren Browser (z.B. »Facebook-Blocker«, http://webgraph.com/resources/facebookblocker) ausschließen.«

Der Text oben soll Ihnen eine grobe Leitlinie geben, wie ein solcher Teil der Datenschutzerklärung lauten könnte. Im Einzelfall ist er individuell auf den einzelnen Unternehmer und seine Website anzupassen.

Social Plugins – Welches Datenschutzrecht gilt auf Facebook?

Der Umgang von Facebook mit Daten der Nutzer ist immer wieder Gegenstand der öffentlichen Kritik. Immer wieder wird auch kritisiert, dass deutsches Datenschutzrecht von Facebook konsequent ignoriert wird. Die entscheidende Frage ist nur: Muss sich Facebook überhaupt an deutsches Datenschutzrecht halten?

Nach Facebook-Angaben befindet sich die Niederlassung von Facebook mit Kontrolle über Nutzungsdaten von nicht nordamerikanischen Nutzern in Irland. Relevante Nutzerdaten würden nur dort erhoben, verarbeitet oder genutzt. Geht man davon aus, dass diese Angaben zutreffend sind, kann tatsächlich allein irisches Datenschutzrecht anwendbar sein. Der Fall kann aber auch anders beurteilt werden, wenn man dem eigentlichen Ort der Datenverarbeitung keine entscheidende Rolle beimisst oder wenn eben tatsächlich doch noch an anderen Stellen Facebook-Daten verarbeitet werden. Weil die »Server-Geflechte« eines weltweit agierenden Internet-Unternehmens mit einem Funktionsumfang wie dem von Facebook sehr komplex sind, dürfte die rein technische Einschätzung, wo Daten wirklich verarbeitet werden, nicht leicht sein. Auch kann sich dies theoretisch täglich ändern.

Demnach ist es nicht von vornherein ausgeschlossen, dass (auch) deutsches Datenschutzrecht auf Facebook anzuwenden ist.

Praxis-Tipp

Die obigen Aussagen zu Facebook selbst spielen für Sie keine direkte Rolle. Denn für deutsche Unternehmen, die – z.B. im Rahmen eines Gewinnspiels auf einer Facebook-Unternehmensseite – als verantwortliche Stelle personenbezogene Daten erheben, gilt selbstverständlich stets das strenge deutsche Datenschutzrecht.

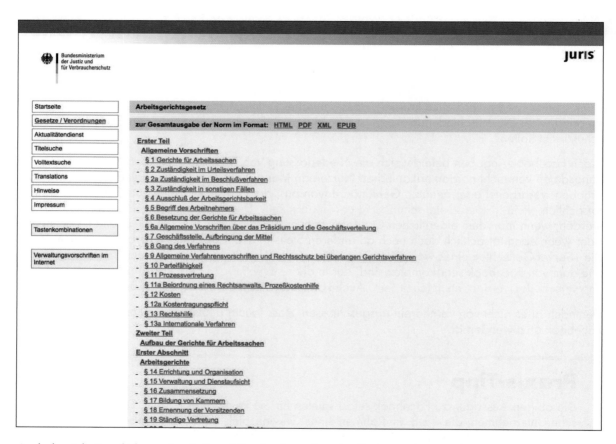

Auch das Arbeitsrecht kann eine Rolle auf Facebook spielen. Quelle Screenshot: Bundesministerium der Justiz und für Verbraucherschutz

Kapitel 6 | Facebook im Arbeitsverhältnis

Das Geschehen in Social-Media-Kanälen bzw. auf Facebook kann im Rahmen von Arbeitsverhältnissen auf mehreren Stufen relevant werden:

Einmal besteht eine große Relevanz bereits bei der Einstellung von neuen Mitarbeitern. Nicht nur auf XING oder LinkedIn, je nach Bewerbungszweck stellen Bewerber auch auf Facebook ihre persönlichen Bewerbungsinformationen nebst Foto, also eine Art virtuelle Bewerbungsmappe, ein, und Headhunter suchen für Unternehmen gezielt nach Kandidaten. Zugleich durchsuchen Personalchefs teilweise Facebook im Rahmen des Bewerbungsprozesses nach außerberuflichen Aktivitäten und privaten Bildern; ein sogenannter **»Background-Check«**.

Während des laufenden Arbeitsverhältnisses legen Mitarbeiter häufig Facebook-Accounts für das Unternehmen an. Wenn der Mitarbeiter dann aus dem Unternehmen ausscheidet oder in eine andere Abteilung wechselt, stellt sich die Frage, was mit dem angelegten Account passiert. Verkompliziert wird die Lage, wenn es sich um einen sowohl dienstlich als auch geschäftlich genutzten Account handelt.

Wenn sich Mitarbeiter abschätzig oder beleidigend über den Arbeitgeber, das Unternehmen oder Kollegen auf Facebook äußern, sprechen Unternehmen außerordentliche Kündigungen aus. Ist diese Kündigung wirksam, oder hätte es einer Abmahnung des Mitarbeiters bedurft? Vorweg: Es gilt nach dem jeweiligen Einzelfall zu differenzieren!

Zugleich sollten sich Unternehmen mit Hinweisen zum korrekten Umgang mit Social-Media-Seiten absichern. Es sollten daher **Social-Media-Guidelines** aufgestellt werden! Auf keinen Fall ist der Inhalt und die Wichtigkeit dieser unternehmensinternen Richtlinie zu unterschätzen.

ALLGEMEINE INFORMATIONEN	
Geburtstag	31. Juli 1986
Geschlecht	Weiblich
Interessiert an	Frauen
Sprachen	**Deutsch · Englisch · Portugiesisch**
Religiöse Ansichten	**Atheismus**
Politische Einstellung	**links**

Bei einem sogenannten »Background-Check« versuchen Arbeitgeber teilweise Dinge über Bewerber herauszufinden, die bei einem Bewerbungsgespräch nicht angesprochen werden.

»Facebook-Check« von Bewerbern

Bereits vor der Einstellung von neuen Mitarbeitern sind für den Arbeitgeber Facebook & Co. interessant: Er kann zum einen direkt über Social-Media-Kanäle rekrutieren und zum anderen einen umfangreichen »Background-Check« der Bewerber vornehmen. Diese Recherche hat rechtliche Bedeutung!

Wo dürfen die Informationen gesucht werden?

Es gilt zwischen geschäftlichem und privatem Zweck der Social-Media-Webseite zu differenzieren: Auf LinkedIn oder XING darf ohne weiteres nach Bewerberinformationen gesucht werden, da ihr Zweck gerade in der Bereitstellung bewerbungsrelevanter Informationen liegt. Anders ist die Lage bei Facebook: Zum einen erlauben die Richtlinien von Facebook nicht die Verwendung von Daten für geschäftliche Zwecke. Zum anderen wäre die Recherche eine Erhebung von Daten im Sinne des BDSG (Bundesdatenschutzgesetzes) und müsste »erforderlich« sein: Dies ist es in aller Regel nicht, da das Interesse am Schutz der Privatsphäre des Bewerbers überwiegt.

Wie dürfen die Informationen verwendet werden?

Sofern also eine solche Recherche durchgeführt worden ist, darf ein Arbeitgeber seine Erkenntnisse und den Herkunftsort in einem Bewerbergespräch unter keinen Umständen offenlegen (»Sie dürfen alles – außer sich erwischen lassen.«)! Andernfalls kann im Falle der Absage eine Klage auf Entschädigung durch den Bewerber wegen Diskrimierung nach dem Allgemeinen Gleichbehandlungsgesetz (AGG) drohen. Gründe für eine Entschädigung sieht das Gesetz unter anderem für eine Ungleichbehandlung wegen ethnischer Herkunft, Alter, Geschlecht oder Religion vor. Wenn der Arbeitgeber also dank Facebook oder Google herausfindet, dass der Bewerber radikale politische Ansichten oder spezielle sexuelle Vorlieben besitzt, und ihm deswegen eine Absage erteilt, ist dies in aller Regel diskriminierend!

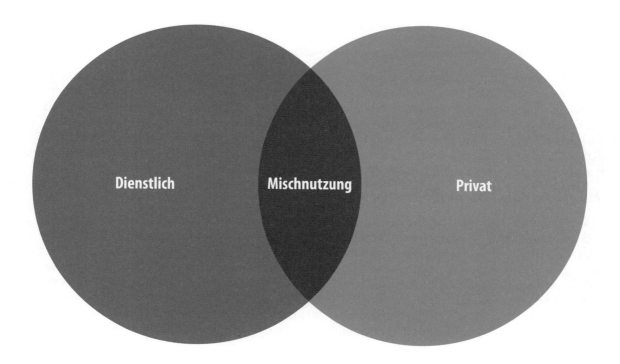

Dienstlich

Mischnutzung

Privat

Facebook-Accounts im Arbeitsverhältnis

Im laufenden Arbeitsverhältnis stellt sich die Frage, was nach Beendigung des Arbeitsvertrages mit Facebook-Accounts geschieht, die im Rahmen des Beschäftigungsverhältnisses angelegt wurden.

In diesem Zusammenhang regelt **§ 667 BGB** eine allgemeine **Herausgabepflicht**, die auch auf das Arbeitsrecht anwendbar ist. Danach ist der Arbeitnehmer verpflichtet, dem Arbeitgeber alles, was er zur Ausführung der Arbeitsaufträge erhält (also auch zu diesem Zweck angelegte Facebook-Accounts), herauszugeben. Eine Pflicht zur Herausgabe des gesamten Accounts lässt sich also unproblematisch bejahen, wenn für den Mitarbeiter ein dienstlicher Account angelegt und der Account vom Mitarbeiter ausschließlich dienstlich genutzt wurde.

Wurde ein privater Facebook-Account nur unter anderem zu dienstlichen Zwecken genutzt, stellt sich bei Beendigung des Arbeitsverhältnisses allerdings die Frage, inwieweit der Arbeitgeber eine Herausgabe des Accounts oder einzelner Daten vom Arbeitnehmer verlangen kann. Bei einer solchen »Mischnutzung« darf der Arbeitgeber laut Gesetz grundsätzlich auch ohne vertragliche Regelung vom Mitarbeiter jederzeit gemäß § 667 BGB analog alle Daten herausverlangen, die dieser zu dienstlichen Zwecken erlangt hat.

Soweit die Theorie – in der Praxis stellen sich für den Arbeitgeber folgende Probleme: Zum einen bleibt die Abgrenzung zwischen rein privaten und geschäftlichen Inhalten sowie die Entscheidung darüber, welche Daten herausgegeben werden, dem Arbeitnehmer überlassen. Der Arbeitgeber hat somit keinerlei Kontrolle darüber, ob ihm die geschäftlichen Daten tatsächlich vollständig zur Verfügung gestellt werden. Zum anderen gestaltet sich die Herausgabe der Daten rein technisch schwierig. Denn ein Download des Nutzerprofils oder des zugehörigen Postfachs ist in der Regel nicht möglich. Der Mitarbeiter muss letztlich sämtliche geschäftlichen Inhalte einzeln auswählen und ausdrucken, was bei einem jahrelang intensiv genutzten Account kaum praktikabel ist.

Social Media Nutzung

| **Vorher** Privatsache | **Arbeitszeit** Arbeitgeber entscheidet! | **Nachher** Privatsache |

Kündigung wegen Äußerungen

Die Social-Media-Nutzung der Mitarbeiter kann für Unternehmen ambivalent sein. Neben dem Nutzen durch Marketing auf Facebook zur Kundengewinnung und -bindung besteht die Möglichkeit des Konflikts mit dem Arbeitnehmer, wenn dieser auf der eigenen Facebook-Seite Interna aus dem Arbeitsverhältnis preisgibt oder etwa den Chef beleidigt. Es gilt zu differenzieren:

Während der Arbeitszeit entscheidet der Arbeitgeber über die Nutzung seiner Betriebsmittel. Wenn die private Internetnutzung am Arbeitsplatz nicht gestattet und in der Vergangenheit nicht geduldet wurde, darf der Arbeitnehmer zu privaten Zwecken auch nicht auf Social-Media-Seiten zugreifen. Auch wenn eine Erlaubnis zur Internetnutzung zu privaten Zwecken erteilt wurde, hat sich der Arbeitnehmer über den Arbeitgeber nicht unternehmenskritisch zu äußern, da dies dem Arbeitsgeber während bezahlter Arbeitszeit unzumutbar ist.

Nach »Feierabend« erlischt der Einfluss des Arbeitgebers auf die Nutzung von Internet und Social Media durch seinen Mitarbeiter. Der Arbeitnehmer bestimmt sein Freizeitverhalten! Hier ensteht häufig ein Problem: Die Freiheit des Einzelnen kann mit den Interessen des Unternehmers oder anderer Arbeitnehmer des Betriebs in Konflikt geraten. Das Lästern über Kollegen oder den Chef war und ist üblich. Jedoch finden diese Lästereien immer häufiger ihren Weg in die sozialen Netzwerke. Dort stehen sie öffentlich an Pinnwänden oder sind zumindest für Freunde zugänglich und werden durch Liken oder Teilen weiter verbreitet. Was früher am Küchentisch blieb, liest heute die gesamte Community im Netz!

Grundsätzlich gilt: Der Arbeitgeber muss unternehmensöffentliche Kritik durch den Arbeitnehmer hinnehmen. Unter Umständen darf diese Kritik sogar polemisch oder überspitzt formuliert werden. Nicht mehr geschützt durch das Recht auf freie Meinungsäußerung ist jedoch die sogenannte **»Schmähkritik«** (siehe Kapitel 3).

Irgendwann mach ich mein mund auf und dann mal gucken wie doof die gucken alle manche arbeitskollegen haben nixs zu tun hinter mein rücken zu reden und lästern von bildern die ih hier rein tue bilder von januar nur weil paar kollegen von mir es haben wollten hab ihes drauf gemacht aber ein paar speckrollen die nicht mal jahre lang abnehmen können und manche die überstd brauchen meinen hinter mein rücken zu reden habt ihr keine freunde hattet ihr schlechten sex hat jemand euch ins gehirn geschissen oder so habt ihr keine andere hobbys statt zu lästern und arsch zu kriechen und auf ein klug scheißer tun als werd ihr besser ihr seit unnötig noch nicht mal irgednwas wert bin seit fünfjahren bzw mehr als fünf jahre nie krankenschein eingereicht und jetz wo ich innenminuskriss habe könnt ihr jetz lästern ihr fische denkt ihr ich bin froh darüber ihr heult doch immer wegen kleinigkeiten und drückt attest rein ihr könnt mich mal kreuzweise die jenigen wissen wen ich meine die sollen sich nur schämen wartet wenn ih ab Freitag ambulant bin und in zwei wochen raus komme!!!

Gefällt mir · Kommentieren · Teilen

Ein Arbeitnehmer bezeichnete seine Kollegen in einem Facebook-Post als »Klugscheißer« und »Speckrollen«.

Kündigung wegen Äußerungen – Beispielfälle

Wann die Schwelle zur Schmähkritik überschritten ist, wird immer häufiger eine Frage für die Arbeitsgerichte, wenn Arbeitgeber Kündigungen wegen beleidigender Kommentare auf Facebook aussprechen. Wenn sich beleidigende Kommentare gegen andere Mitarbeiter richten, kann sogar die Pflicht zu einem rechtlichen Vorgehen bestehen! Hierzu einige Beispiele aus der gerichtlichen Praxis:

Das **LAG Hamm** (Urteil vom 10.10.2012) hatte sich mit dem Fall eines Auszubildenden zu beschäftigen, der seinen Arbeitgeber als »Menschenschinder« und »Ausbeuter« bezeichnete. Weiter schrieb er, dass er »dämliche Scheiße für Mindestlohn minus 20 Prozent erledigen« müsse. Das Gericht hielt die ausgesprochene außerordentliche Kündigung für wirksam. Denn die getätigten Äußerungen stellten sich als »besonders ehrverletzend« dar. Sie seien einer Vielzahl von Personen durch das Verbreiten auf Facebook zugänglich gewesen. Facebook gewähre keinen irgendwie gearteten Freiraum, in dem ehrverletzende Äußerungen über andere abgegeben werden können.

In einem Fall vor dem **ArbG Duisburg** (Urteil vom 26.09.2012) bezeichnete ein Arbeitnehmer seinen Arbeitskollegen in einem Facebook-Post als »Speckrolle« und »Klugscheißer«. Auch dies stellt für sich genommen einen rechtlich relevanten Grund für eine außerordentliche Kündigung dar. Im konkreten Fall kamen aber besondere Umstände hinzu, die der Wirksamkeit der außerordentlichen Kündigung entgegenstanden: Zum einen hatte der beleidigte Arbeitskollege den Gekündigten seinerseits mehrfach zu Unrecht beim Arbeitgeber denunziert. Zum anderen unterließ es der Gekündigte, seinen Kollegen in dem Post namentlich zu benennen. Daher hätte es einer vorherigen Abmahnung bedurft.

Habe mich über diesen scheiss ▬▬▬▬ geärgert hat mir zwei abmahnungen gegeben innerhalb von drei monaten wegen rauigkeit. Diesen kleinen scheisshaufen mache ich kaputt, werde mich beschweren über diesen wixxer bin 32jahre hier dabei und so ein faules schwein der noch nie gearbeitet hat in seinem scheissleben gibt mir zwei abmahnungen, da hat er sich im falschen verguckt diese drecksau

Gefällt mir · Kommentieren · Teilen

Ein Facebook-Post mit wenig freundlichen Worten für den Arbeitgeber

Kündigung wegen Äußerungen – Beispielfälle (Forts.)

Etwas anders gelagert war der Fall des **ArbG Hagen** (Urteil vom 16.05.2012): Der gekündigte Arbeitnehmer hatte bereits zwei Abmahnungen erhalten, als er seinen Vorgesetzen auf Facebook als »Wixxer«, »kleinen Scheisshaufen« und »faules Schwein« bezeichnete. Dieser Eintrag war für 70 Freunde zu sehen, von denen 36 im selben Unternehmen arbeiteten. Die Richter sahen hierin einen wichtigen Grund für eine außerordentliche Kündigung, da der Eintrag dem auf einem »Schwarzen Brett« gleich komme.

Abzugrenzen hiervon ist eine interessante Entscheidung des **ArbG Bochum** (Urteil vom 9.02.2012): Der Arbeitnehmer war bereits aus anderem Grund gekündigt worden und bezeichnete anschließend im Rahmen eines Facebook-Chats mit einem Kollegen seinen Arbeitgeber als »armseligen Saftladen« und als »Drecksladen«. Dieser verlangte, dass der Gekündigte solche Äußerungen auf Facebook unterlässt.

Das ArbG Bochum entschied, dass ein solcher Anspruch auf Unterlassung im konkreten Fall nicht besteht. Die Äußerungen stellten zwar eine Formalbeleidigung dar, würden aber durch die Meinungsfreiheit gedeckt. Entscheidend sei, dass der Dialog nur für Freunde lesbar war: Ein solcher Dialog stelle ein »vertrauliches Gespräch« dar, und dabei dürfe der Arbeitnehmer regelmäßig darauf vertrauen, dass seine privaten Äußerungen nicht nach außen getragen werden. Dem stehe nicht entgegen, dass dieses Gespräch auf Facebook geführt wurde, da der Chat bzw. eine ähnliche Online-Kommunikation immer öfter das persönlich gesprochene Wort ersetze. Dies gelte jedenfalls, solange diese Dialoge nicht für jedermann zugänglich sind, sondern nur für einen überschaubaren Kreis von Freunden. In diesem Rahmen könne »die Wortwahl gegenüber dem Arbeitgeber auch mal drastischer ausfallen« (so das ArbG Bochum in der Entscheidung wörtlich!).

Vorgesetzter/ Arbeitskollege	Unternehmen
Allgemeines Persönlichkeitsrecht (freie Entfaltung der Persönlichkeit, **Menschenwürde**)	Unternehmens- persönlichkeitsrecht (freie Entfaltung der (Unternehmens-) Persönlichkeit)

Kündigung wegen Äußerungen – Zusammenfassung

Auch wenn es der Begründung der Entscheidung des AG Bochum nicht direkt zu entnehmen ist: Der große Unterschied des dortigen Verfahrens im Vergleich zu den anderen Entscheidungen liegt in der Schmähung des Unternehmens in seiner Gesamtheit, während in den anderen drei Fällen konkrete Personen geschmäht wurden. Im Gegensatz zum Persönlichkeitsrecht eines Menschen entfaltet das Unternehmenspersönlichkeitsrecht etwas weniger Schutz, da einem Unternehmen – weil es kein Mensch ist – der Menschenwürdebezug fehlt. Auch wenn man daher etwas weiter gehen darf, wenn man ein Unternehmen kritisiert, ist das natürlich **kein Freibrief** und es kann auch schnell nach hinten los gehen. Die Rechtsprechung ist auf diesem Gebiet stark im Fluss.

Praxis-Tipp

Für den **Betroffenen** und den **Arbeitgeber** gilt: Fertigen Sie als erstes einen Screenshot mit den Beleidigungen an, um diesen später als Beweis verwerten zu können. Abhängig vom jeweiligen Einzelfall müssen Sie als Arbeitgeber zunächst eine Abmahnung aussprechen, und es besteht erst im Wiederholungsfall die Möglichkeit einer ordentlichen Kündigung. In »krassen Fällen« kann aber auch die außerordentliche Kündigung gerechtfertigt sein.

In Richtung der **Arbeitnehmer** sei gesagt: Wenn Sie Ihre Wut über Ihren Arbeitgeber oder Ihre Kollegen bei Facebook ablassen, riskieren Sie eine außerordentliche Kündigung. Überdies kann eine strafrechtliche Verfolgung wegen Beleidigung erfolgen!

Arbeitsrechtliche Bekanntheit erlangte auch der Fall der Suspendierung mehrerer Feuerwehrleute aus Düsseldorf, die einen Facebook-Post eines Kollegen »liketen«, in dem dieser sich abfällig über den Oberbürgermeister äußerte.

Kündigung wegen Äußerungen und der Like-Button

In Düsseldorf machte ein Feuerwehrmann bei Facebook seinem Unmut über die Politik des Oberbürgermeisters Luft: »Erst wenn der eigene Bürostuhl brennt, wird Herr Elbers erkennen, dass man mit Infopavillons keine Brände löscht.« Zehn Kollegen klickten bei diesem Beitrag den Like-Button und wurden anschließend vorübergehend vom Dienst suspendiert.

Zur Feststellung, ob die Suspendierung rechtmäßig war, muss man sich zunächst die Aussage, die mit der Betätigung des Like-Buttons verbunden ist, klar machen: Wer einen Beitrag »liket«, findet diesen gut! Der »Likende« macht sich die betreffende Aussage zu eigen (vgl. oben Seite 115 ff.), übernimmt den Inhalt für sich selbst!

Entsprechend muss den »Likenden« eine Verantwortlichkeit treffen, die hinsichtlich der Schwere jedoch gegebenenfalls geringer auszufallen hat als die des Postenden. Ob daher das bloße Liken in der Regel für eine Kündigung ausreichen kann, ist zumindest zweifelhaft. Denn die Unrechtmäßigkeit des Verhaltens kann dem Einzelnen je nach Inhalt des gelikten Beitrags auch auf anderem Weg – durch ein Gespräch oder eine Abmahnung – klar gemacht werden. Somit wäre im Fall der likenden Feuerwehrleute in Düsseldorf möglicherweise ein klärendes Gespräch statt einer Suspendierung angebrachter gewesen.

SOCIAL MEDIA GUIDELINES (SMG)

der

UNTERNEHMEN
MUSTER STR. 1
80333 MÜNCHEN
DEUTSCHLAND

– nachstehend » UNTERNEHMEN « genannt –

REGELN FÜR DEN GEBRAUCH VON SOZIALEN MEDIEN FÜR MITARBEITER

1. ALLGEMEINES

Drei Aspekte sozialer Netzwerke sind für Mitarbeiter eines Unternehmens – gerade im Zusammenhang mit dem Thema „Recht" – von besonderer Bedeutung:

1) Jeder kann dort öffentlich seine Meinung äußern.

2) Alles kann sich mit kaum vorstellbarer Geschwindigkeit verbreiten.

3) Privates und Geschäftliches sind nicht leicht voneinander zu trennen.

Schnell passiert es daher, dass Sie als Mitarbeiter des UNTERNEHMENS, gewollt oder ungewollt, zu UNTERNEHMENS-Botschaftern in sozialen Medien werden. Und dies selbst dann, wenn Sie nicht in der Marketingabteilung arbeiten. Mit den folgenden Hinweisen, Tipps und Vorgaben möchten wir erreichen, dass Sie beim Umgang mit sozialen Medien auf der sicheren Seite sind. Diese SMG gelten verbindlich.

Social-Media-Guidelines

Auf Grund der vielen rechtlichen Untiefen müssen Unternehmer sicherstellen, dass sie selbst und ihre Mitarbeiter sich im Social-Media-Bereich auskennen und sich richtig verhalten. Dafür sollten klare Regeln aufgestellt werden. Diese werden als Social-Media-Guidelines bezeichnet.

Die folgenden Punkte sollen einen **beispielhaften Überblick** darüber geben, was in Social-Media-Guidelines geregelt werden kann:

- Verbindlichkeit der Guidelines
- Umfang der Internet- und Social-Media-Nutzung während der Arbeitszeit
- Trennung von Privatem und Beruflichem im Rahmen der Accounts
- Negative Beiträge und unbedachte Äußerungen
- Informationen über zulässige Inhalte im Rahmen des Auftritts
- Einrichten eines Ansprechpartners für die Verwaltung der Unternehmensseiten
- Umgang mit Kritik und rechtswidrigen Inhalten
- Umgang mit Wettbewerbern
- Umgang mit »vertraulichen« Informationen
- Rechtsfolgen eines Verstoßes

Praxis-Tipp

Ein guter rechtlicher Leitfaden kann – zusätzlich zu den für alle Mitarbeiter geltenden Social-Media-Guidelines – eine Vielzahl von Rechtsverletzungen Ihrer Mitarbeiter verhindern und damit eine Menge Geld sparen. Zudem belegt ein solcher Leitfaden im Bedarfsfall, dass Sie den Aufklärungs- und Hinweispflichten gegenüber Ihren Mitarbeitern vollständig nachgekommen sind. Für Mitarbeiter erleichtert ein solcher Leitfaden die tägliche Arbeit und schafft Sicherheit und Vertrauen im Umgang mit den Social-Media-Kanälen.

Leitfaden Social Media Marketing

Neben den Social-Media-Guidelines ist es – zumindest für jedes Unternehmen mit eigener Marketingabteilung – ratsam, spezielle »Rechtliche Leitfäden Social Media Marketing« zu erstellen bzw. von dem Social-Media-Anwalt des Vertrauens erstellen zu lassen. Diese Leitfäden – die dann an die entsprechenden Mitarbeiter verteilt werden können – sollten über die eher allgemeinen und für jeden Arbeitnehmer geltenden Regelungen deutlich hinaus gehen und spezielle Vorgaben, Dos and Don'ts sowie Hilfestellungen für die Mitarbeiter enthalten, die tagtäglich die Social-Media-Kanäle des Unternehmens, also auch die Facebook-Seite, bespielen. Die Sprache sollte so unjuristisch wie möglich sein, damit der Leitfaden von denjenigen verstanden wird, die jeden Tag damit arbeiten.

Die folgenden Punkte sollen einen **beispielhaften Überblick** darüber geben, was in solchen Leitfäden geregelt werden kann:

- Einleitung und Grundlagen (z.B. Verantwortlichkeiten der Mitarbeiter unterschiedlicher Stufen)
- Rechtliche Grundlagen der Nutzung kritischer Inhalte (Bilder, Fotos, Texte, Musik, Videos etc.)
- Astroturfing, getarnte Werbung, Guerilla-Marketing
- Haftung für Inhalte Dritter
- Framing/Embedding
- Überblick zu den wichtigsten Facebook-Nutzungsbedingungen
- Impressum
- Brand Permissions
- Datenschutz und Social Plugins
- Gewinnspiele
- Apps
- Internationale Social-Media-Seiten
- Ratgeber Rechtsverletzungen

WhatsApp Wuschelbild: Abmahnung durch Comic-Profilbild?

Impressum auf Xing & Co
Erste Abmahnungen von Anwälten erfolgreich

URHEBERRECHT

Abmahnung wegen eines Bildchens auf Facebook

Fremdes Foto auf Facebook-Pinnwand: Vertragsstrafe, Unterlassungserklärung, Schadensersatz

Immer häufiger liest man in der Tagespresse Überschriften wie diese.

Kapitel 7 | Verhalten bei Rechtsverletzungen

Trotz aller Vorsicht oder einfach aus Unwissenheit kann es vorkommen, dass man im Netz die Rechte Dritter verletzt. Das kann zum Beispiel passieren, wenn man ein Foto oder einen Text unberechtigt auf Facebook nutzt – egal ob der Facebook-Account privat oder geschäftlich betrieben wird – und man so das Urheberrecht verletzt.

Genauso kann man Rechte Dritter leicht verletzen, wenn man ein Foto ohne die Zustimmung aller Personen auf dem Foto postet. Das kann vor allem für Unternehmen relevant werden, wenn z.B. bei einem Tag der offenen Tür Fotos gemacht und auf Facebook genutzt werden.

Folge solcher Rechtsverletzungen sind oft sogenannte **kostenpflichtige Abmahnungen**, wie sie den meisten wohl vor allem im Zusammenhang mit illegalem Filesharing (Musiktauschbörsen etc.) bekannt sind. Abmahnungen werden aber eben auch bei Bildrechtsverletzungen, unerlaubter Nutzung von Texten oder Markenrechtsverletzungen ausgesprochen.

In der Regel wird man mit einer Abmahnung aufgefordert, die Rechtsverletzung einzustellen – also Text oder Bild aus dem Internet dauerhaft zu entfernen und eine sogenannte strafbewehrte Unterlassungserklärung abzugeben. Zuletzt – und das schmerzt im Geldbeutel! – wird Ersatz von Anwaltskosten und oft auch Schadensersatz verlangt.

Insgesamt 4,3 Millionen Menschen haben bis Mitte 2012 nach einer Umfrage des Bundesverbands der Verbraucherzentralen eine Abmahnung alleine wegen Urheberrechtsverletzungen erhalten – häufig wegen Filesharing. Wenn Sie eine Abmahnung erhalten, sind Sie also sicherlich nicht alleine.

Einwurf-Einschreiben

Herr Mattias Maier
Rathausstr. 1
80333 München

02. Januar 2014
Az.: 00001/14

Rechteinhaber GmbH & Co. KG ./. Mattias Maier

Abmahnung wegen Urheberrechtsverletzungen und Aufforderung zur

Abgabe einer Unterlassungserklärung

Sehr geehrter Herr Maier,

hiermit zeigen wir Ihnen an, dass uns die Rechteinhaber GmbH & Co. KG, Bahnhofstr. 1, 80333 München, mit der Wahrnehmung ihrer rechtlichen Interessen beauftragt hat. Ordnungsgemäße Bevollmächtigung wird anwaltlich versichert.

I.

Hintergrund unserer Einschaltung ist eine von ihrem Internetanschluss aus begangene Urheberrechtsverletzung an dem Werk „Allein im Internet". Unserem Mandanten steht das ausschließliche Recht zu, dieses Werk öffentlich zugänglich zu machen. Sie haben das Werk unseres Mandanten auf Ihrer Internetseite ihreinternetseite.de öffentlich zugänglich gemacht:

Abmahnung erhalten – Was nun?

»Abmahnung wegen Rechtsverletzung und Aufforderung zur Abgabe einer Unterlassungserklärung« – so klingt es oft, wenn eine Abmahnung im Briefkasten landet. Martialisch irgendwie. Vorgeworfen wird meist die Verletzung des Urheberrechts oder eine Persönlichkeitsrechtsverletzung. Der Adressat wird dann außerdem noch mit kurzen Fristen und hohen Geldbeträgen konfrontiert, die aufgrund der ihm vorgeworfenen Rechtsverletzung zu zahlen sind. Um den Druck zu erhöhen, werden außerdem oft strafrechtliche Konsequenzen angedroht. Wie sollte man sich aber verhalten, wenn man eine Abmahnung erhalten hat, um nicht selbst noch mehr Schaden anzurichten? Das Wichtigste: Nicht den Kopf in den Sand stecken – es ist der absolut falsche Weg, die Abmahnung zu zerreißen, wegzuwerfen oder einfach zu ignorieren.

1. Don't panic!

Das gilt unabhängig davon, ob Sie die Abmahnung für berechtigt halten oder nicht. **Geben Sie nichts zu** und nehmen Sie keinen Kontakt zur Gegenseite auf! In der ersten Wut lässt man sich häufig zu unbedachten Äußerungen hinreißen, die später negative Folgen haben können. **Unterschreiben Sie nichts ungeprüft**! Vor allem die beigefügte und geforderte Unterlassungserklärung sollte rechtlich ungeprüft auf gar keinen Fall unterschrieben werden – egal wie kurz die gesetzte Frist ist! Und: **Zahlen Sie nicht ungeprüft** den geforderten Geldbetrag – er ist im Zweifel zu hoch!

2. Stellen Sie die beanstandete Rechtsverletzung im Zweifel sofort ab!

Wenn Sie nicht sicher sind, ob der Vorwurf berechtigt ist oder nicht, stellen Sie die Rechtsverletzung lieber zunächst ab! Wenn z.B. eine Urheberrechtsverletzung wegen eines geposteten Bildes abgemahnt wurde, sollte das Bild umgehend entfernt werden. Andernfalls wird es im Falle der Berechtigung der Abmahnung deutlich teurer und es droht zeitnah eine einstweilige Verfügung (vgl. Seite 225).

3. Prüfen Sie die vorgeworfenen Rechtsverletzung!

Prüfen Sie, welche Rechtsverletzung Ihnen genau vorgeworfen wird und ob der Vorwurf berechtigt ist. Checken Sie z.B., ob Sie eine gültige Lizenz für die Nutzung eines Fotos haben – z.B. auch anhand von Rechnungen. Wenn es Ihnen möglich ist: Sammeln und sichern Sie Beweise dafür, dass Sie die Ihnen vorgeworfene Rechtsverletzung nicht begangen haben – z.B., indem Sie Unterlagen aus der Buchhaltung anfordern.

Unterlassungsverpflichtungserklärung

Hiermit verpflichtet sich

Rechtsverletzer GmbH, vertreten durch ihren Geschäftsführer Max Muster, Hauptstr. 1,
80333 München

gegenüber

Rechteinhaber GmbH, vertreten durch den Geschäftsführer Hans Huber, Bahnhofstr. 2,
80333 München

ohne Anerkenntnis einer Rechtspflicht und ohne Präjudiz für die Sach- und Rechtslage, gleichwohl in
rechtsverbindlicher Weise

1. es ab sofort zu unterlassen:

2. für jeden Fall der schuldhaften Zuwiderhandlung gegen Ziffer 1 eine Vertragsstrafe zu bezahlen,
deren Höhe vom Rechteinhaber nach billigem Ermessen festzusetzen ist und von einem Gericht
überprüft werden kann.

München, den _____

_____
Rechteinhaber,
_____, Geschäftsführer

Abmahnung erhalten – Was nun? (Forts.)

4. Gehen Sie zum Rechtsanwalt!

Auch wenn dies mit Kosten verbunden ist, ist es unerlässlich, so bald wie möglich einen Anwalt aufzusuchen. Er nimmt Kontakt mit der Gegenseite auf und es gelingt ihm oft, den geforderten Geldbetrag herunterzuhandeln. Vor allem prüft und modifiziert er die (eventuell) abzugebende Unterlassungserklärung und sagt Ihnen, ob es notwendig ist, eine solche Erklärung überhaupt abzugeben! Wenn Sie einen Rechtsanwalt aufsuchen, wird er Sie ausführlich darüber beraten, was es für Handlungsmöglichkeiten für Sie gibt. Je nach Situation gibt es natürlich verschiedene Möglichkeiten, auf eine Abmahnung zu reagieren. Hier ein Überblick:

- Sie geben eine strafbewehrte Unterlassungserklärung ab und bezahlen Anwaltskosten
  Das ist sinnvoll, wenn der Rechtsverstoß tatsächlich passiert ist. Sonst riskieren Sie, dass der Abmahnende in kürzester Zeit gerichtlich mit einer einstweiligen Verfügung gegen Sie vorgeht (vgl. Seite 225).

- Sie geben nur eine strafbewehrte Unterlassungserklärung ab und zahlen keine Anwaltskosten
  Das ist sinnvoll, wenn der Rechtsverstoß nicht eindeutig ist. Hintergrund: Die Unterlassungserklärung macht hier Sinn, weil so der Unterlassungsanspruch nicht mehr gerichtlich geltend gemacht werden kann. Das senkt im Streitfall das Kostenrisiko deutlich, sowie den Reiz für den »Abmahner« und seinen Rechtsanwalt, gerichtlich aktiv zu werden.

- Sie geben keine strafbewehrte Unterlassungserklärung ab und zahlen auch keine Anwaltskosten
  Das ist nur sinnvoll, wenn **die Abmahnung nicht berechtigt war**.

Tipp: Wenn Sie aufgrund einer Abmahnung Content von einer Internetseite entfernen, müssen Sie darauf achten, dass der Text oder das Bild nicht nur von der Seite genommen, sondern auch vom Server entfernt wird. Andernfalls drohen Schadensersatzforderungen wegen Verstoßes gegen die abgegebene Unterlassungserklärung, weil der Content noch »im Netz« zu finden ist. Auf Facebook und Co. stellt das aber kein Problem dar – aus der Timeline löschen reicht aus (wenn der Content nur dort von Ihnen eingestellt wurde).

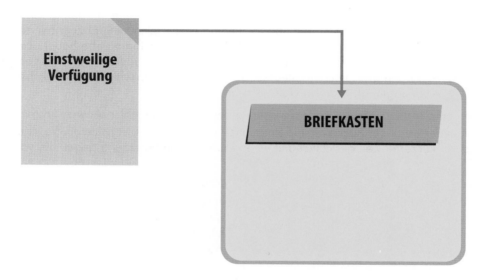

Es ist möglich, dass Sie beim Blick in den Briefkasten eine böse Überraschung erleben und dort eine einstweilige Verfügung finden, ohne dass Sie wussten, dass diese überhaupt beantragt wurde.

Einstweilige Verfügung erhalten?

Wenn man eine Abmahnung erhalten hat, muss man sich bewusst machen, dass darauf eine einstweilige Verfügung folgen und innerhalb weniger Wochen oder Tage Post vom Gericht im Briefkasten liegen kann.

Tatsächlich kann man von einer einstweiligen Verfügung vollkommen überrascht werden, weil sie auch ohne mündliche Verhandlung ergehen kann. In diesem Fall wird die Entscheidung des Gerichts dem Betroffenen ohne Ankündigung zugestellt. Passiert das, sollte man schnellstmöglich mit einem Anwalt die Möglichkeit eines Widerspruchs gegen die einstweilige Verfügung besprechen. Das gilt vor allem, wenn man der Meinung ist, dass die einstweilige Verfügung nicht rechtmäßig ergangen ist und man dafür im Zweifel auch »Gegenbeweise« vorlegen kann.

Vorsicht aber auch hier: Der Widerspruch allein ändert nichts daran, dass man sich grundsätzlich an den Beschluss des Gerichts halten muss! Nur wenn das Gericht auf Antrag auch die Vollstreckung der einstweiligen Verfügung aussetzt, gilt diese vorläufig nicht.

Mensch Freundeee - ich pack den Müller echt nimmer!! Der ist fett und ein hässliches Stück Sch▬▬. Ich kanns kaum erwarten, dass dieser Ar▬▬ platzt!!!

Teilen

Persönlichkeitsrechtsverletzende Facebook-Posts sollten Sie per Screenshot festhalten und speichern, wenn Sie rechtlich dagegen vorgehen wollen.

Eigene Rechte durchsetzen, aber wie?

Gerade in Social Networks kann es durchaus vorkommen, dass **Ihre** Rechte verletzt werden – egal ob es sich dabei um Urheberrechte an Texten oder Bildern, um Ihr Persönlichkeitsrecht oder um Markenrechte Ihres Unternehmens handelt. Stellt man eine Rechtsverletzung z.B. auf der Facebook-Seite einer anderen Person oder eines anderen Unternehmens fest, stellt sich die Frage, wie man sich nun richtig verhält.

Diese Punkte sollten Sie bedenken, wenn Ihre Rechte auf Facebook oder sonstwo im Internet verletzt werden:

1. Sichern Sie Beweise: Machen Sie Screenshots, Ausdrucke, Downloads oder ähnliches!

Denn der »Verletzte« – also Sie – tragen die Beweislast dafür, dass Ihre Rechte verletzt wurden. Nur wer in einem möglichen Prozess beweisen kann, dass seine Rechte verletzt wurden, hat Chancen auf Unterlassung, Kostenersatz (Ersatz der Kosten für den eigenen Anwalt!) und eventuell Schadenersatz. Gerade in den sozialen Netzwerken sind Rechtsverletzungen »flüchtig« – warten Sie deshalb nicht zu lange mit der Beweissicherung. Ein »Post« ist schnell gelöscht.

Praxis-Tipp

Sichern Sie mögliche Beweise gegen denkbare Anspruchsgegner gründlich und umfangreich. Denn auch wenn die Rechtsverletzung »von selbst wieder verschwindet«, bedeutet das nicht, dass Sie nicht mehr abmahnen können! Sie haben auch dann noch einen Anspruch darauf, dass die betreffende Person so etwas in Zukunft nicht mehr tut, wenn der Post, um den es geht, schon wieder gelöscht ist!

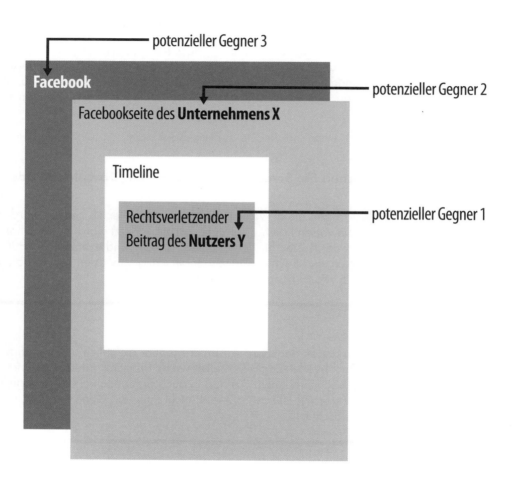

potenzieller Gegner 3

Facebook

potenzieller Gegner 2

Facebookseite des **Unternehmens X**

Timeline

Rechtsverletzender
Beitrag des **Nutzers Y**

potenzieller Gegner 1

Eigene Rechte durchsetzen, aber wie (Forts.)

2. Bestimmen Sie potenzielle Gegner!

Gerade auf Facebook können dem Anspruchssteller mehrere Gegner gegenüberstehen – und zwar nicht in einem Rangverhältnis, sondern gleichwertig. Ihr erster potenzieller Anspruchsgegner ist der Rechtsverletzer selbst, also die Person, die Ihre Rechte aktiv verletzt, z.B. durch Posten eines Fotos oder Textes. Sollte der Rechtsverletzer die Rechtsverletzung aktiv auf der Seite eines Dritten vorgenommen haben – also z.B. ein Foto auf die Timeline einer anderen Person gepostet haben, ist auch der Betreiber dieser Facebookseite ein potenzieller Anspruchsgegener. Zuletzt kann Facebook selbst Anspruchsgegner sein.

3. Wählen Sie Ihre Ansprüche!

Je nachdem, an welchen Anspruchsgegner Sie sich wenden, bestehen unter Umständen unterschiedliche Ansprüche:

Gegen einen **aktiven Rechtsverletzer** bestehen unmittelbar Ansprüche auf Unterlassung und Schadensersatz. Gegen eine **dritte Person, auf deren Seite eine Rechtsverletzung** begangen wurde, haben Sie zunächst einen Anspruch auf Löschung des Beitrags. Wird der Beitrag dann nicht entfernt, haben Sie zusätzlich Anspruch auf Schadensersatz. Hat die Person sich den fremden Beitrag zu eigen gemacht (siehe Kapitel 4), haftet diese Person allerdings auch unmittelbar wie der Rechtsverletzer selbst! Gegen **Facebook** besteht zunächst nur ein Anspruch auf Löschung. Erst wenn Facebook daraufhin nicht aktiv wird, kommt auch ein Schadensersatzanspruch in Frage (vgl. auch Kapitel 4).

Eigene Rechte durchsetzen, aber wie (Forts.)

4. Klären Sie das weitere Vorgehen

Wenn Sie sich in etwa im Klaren über Gegner und Ansprüche sind, gilt es zu überlegen, wie Sie konkret weiter vorgehen wollen: Direkt eine Abmahnung vom Anwalt schicken lassen oder zunächst selbst Kontakt aufnehmen? Rein rechtlich ist im Zivilrecht beides möglich.

Teil dieser Entscheidung ist auch die Frage, ob man selbst bzw. die eigene Rechtsabteilung gegen eine Rechtsverletzung vorgeht oder ein externer Anwalt, der sich auf derartige Fälle spezialisiert hat. Der Vorteil einer spezialisierten Kanzlei liegt auf der Hand: Hier hat man Erfahrung in derartigen Angelegenheiten, und das Vorgehen unter einem anwaltlichen Briefkopf hinterlässt meist deutlich mehr Eindruck als eine private oder allenfalls geschäftliche E-Mail.

Praxis-Tipp

Sie können unter Umständen neben zivilrechtlichen Ansprüchen wie Unterlassung und Schadensersatz auch strafrechtliche Schritte einleiten: Zum Beispiel ist bei Beleidigungen über Facebook eine strafrechtliche Verfolgung denkbar.

Unabhängig davon sollte Facebook über den Vorfall informiert werden, wenn die Rechtsverletzung auf einer Facebook-Seite oder in einem Facebook-Profil begangen wurde. Gerade im Falle von Beleidigungen etc. kann Facebook erneute Rechtsverletzungen z.B. durch den Ausschluss eines Mitgliedes effizient verhindern.

Landgericht München I

Az.: ▓▓▓▓▓▓

In dem Rechtsstreit

▓▓▓▓▓▓▓▓▓▓ ▓▓ ▓▓ ▓▓▓▓▓

- Antragsteller -

Prozessbevollmächtigte:

▓▓▓▓▓▓▓▓▓▓▓▓▓▓▓▓▓▓▓▓▓▓▓▓▓▓▓▓▓▓▓▓▓▓▓

gegen

▓▓▓▓▓▓▓▓▓▓▓▓▓▓▓▓▓▓▓▓▓▓▓▓

- Antragsgegner -

wegen Unterlassung

erlässt das Landgericht München ▓▓ ▓▓▓▓ durch die Vorsitzende Richterin am Landgericht ▓▓▓▓▓, die Richterin am Landgericht ▓▓▓▓ und die Richterin am Landgericht ▓▓▓ am ▓▓▓▓ ohne mündliche Verhandlung wegen Dringlichkeit gemäß § 937 Abs. 2 ZPO folgenden

Beschluss

1. Dem Antragsgegner wird im Wege der einstweiligen Verfügung unter Androhung eines Ordnungsgeldes bis zu zweihundertfünfzigtausend Euro oder einer Ordnungshaft bis zu sechs Monaten - Ordnungshaft auch für den Fall, dass das Ordnungsgeld nicht beigetrieben werden kann - wegen jeder Zuwiderhandlung

untersagt,

Einstweilige Verfügung beantragen?

Es gibt immer Fälle, in denen der Adressat auf eine Abmahnung gar nicht reagiert oder die Rechtsverletzung pauschal abstreitet. Das kann berechtigt oder unberechtigt sein (vgl. Seite 223).

Um effizient gegen eine Rechtsverletzung vorgehen zu können, bietet das deutsche Prozessrecht die Möglichkeit eines schnelleren Rechtsschutzes in Form der einstweiligen Verfügung (vgl. Seite 225).

Dieses Verfahren im einstweiligen Rechtsschutz kommt schneller zu einem (vorläufigen) Ergebnis, weil keine Beweisaufnahme stattfindet, sondern der Antragsteller nur glaubhaft machen muss, dass seine Rechte verletzt werden (Verfügungsanspruch). Das kann z.B. durch die Vorlage von Urkunden, sonstigen Schriftstücken aber auch durch Versicherungen an Eides statt geschehen.

Monatelanges Warten auf eine Gerichtsentscheidung kann man so vermeiden. Das Verfahren auf Erlass einer einstweiligen Verfügung wird vor allem gewählt, wenn sonst durch Abwarten der Entscheidung im Klageverfahren zusätzlicher Schaden entstehen könnte. Die Sache muss »dringlich« sein, damit man den Erlass einer einstweiligen Verfügung beantragen kann (»Verfügungsgrund«). Das wird schnell deutlich, wenn es z.B. um die ungenehmigte Veröffentlichung kompromittierender Fotos auf Facebook geht.

Achtung: Wer zu lange damit wartet, den Antrag auf Erlass der einstweiligen Verfügung zu stellen, kann mit dem Antrag von vornherein scheitern. In der Regel muss die einstweilige Verfügung innerhalb eines Monats nach Kenntnis der Rechtsverletzung beantragt werden. Wer ohne Grund zu lange mit dem Eilantrag wartet, dem glaubt ein Gericht nicht mehr, dass die Sache wirklich dringlich ist. Im Zweifel sollten Sie bzw. Ihr Anwalt also schnell aktiv werden.

Facebook, das Recht und einige Fragen, die nur Facebook selbst beantworten kann

Internetunternehmen in der Größe von Facebook und mit den Nutzerzahlen von Facebook haben immer auch eine große Verantwortung. Diese Verantwortung betrifft selbstverständlich auch den Umgang mit rechtlichen Fragen. Facebook bietet viele großartige Möglichkeiten, sich mit Menschen zu vernetzen, sich auszutauschen und in Kontakt zu bleiben sowie natürlich auch für die Vermarktung von Produkten und Dienstleistungen. Trotzdem gibt es noch Raum für Verbesserungen. Vor allem in den folgenden Punkten:

Datenlöschung – oder doch nicht?

Nach Beendigung des Nutzungsverhältnisses findet bei Facebook (wie bei den meisten sozialen Netzwerken) wohl keine endgültige Löschung sämtlicher Daten statt. Facebook bezeichnet den Vorgang des Austritts aus dem Netzwerk auch als »Deaktivierung« anstatt als »Löschung« und bringt damit zum Ausdruck, dass die Speicherung bestimmter Daten vorbehalten wird.

Dabei kann zwischen solchen Daten unterschieden werden, die nach außen hin sichtbar bleiben (z.B. Markierungen auf Fotos, an Dritte versendete Nachrichten etc.), und solchen, die nur Facebook selbst vorhält (welche das sind, wird nicht immer eindeutig kommuniziert, was ein weiteres Problem darstellt).

Eigentlich hat der einzelne Nutzer – spätestens nach Ablauf eines gewissen Zeitraums – nach deutschem Recht einen Anspruch auf vollständige Löschung seiner Daten. **Warum Facebook in diesen Fällen dennoch nicht alle Nutzerdaten vollständig löscht (und welche das genau sind), ist leider eine bislang unbeantwortete Frage.**

Gesichtserkennung/Biometrie

Facebook hatte im Dezember 2010 die **sogenannte automatische Gesichtserkennung** eingeführt, die es Nutzern erleichterte, Freunde in hochgeladenen Fotos zu erkennen und mit Namen zu markieren. Aufgrund großer datenschutzrechtlicher Bedenken und des immensen Missbrauchspotenzials wurde nach zunächst erfolglosen Gesprächen mit dem Netzwerk eine Verwaltungsanordnung erlassen, die Facebook dazu brachte, die Funktion für europäische Nutzer zu deaktivieren. Außerhalb Europas gibt es die Funktion allerdings noch. **Ob Facebook plant, die Gesichtserkennung – möglicherweise in abgemilderter/geänderter Form – auch in Europa wieder einzuführen, ist noch ungeklärt.**

Unwirksame oder unklare Nutzungsbedingungen

LG und Kammergericht Berlin haben in Verfahren der Verbraucherzentralen gegen Facebook unter anderem entschieden, dass die sogenannte »IP-Klausel« (vgl. Seite 39 ff.) unwirksam ist. Dennoch hat Facebook die IP-Klausel bisher als solche nicht wirklich geändert. Die leicht modifizierte Fassung für deutsche Nutzer hat weder einen eindeutigen Inhalt, noch schränkt Facebook darin die Rechteeinräumung an das soziale Netzwerk wesentlich ein (vgl. Seite 41). **Wenn deutsche Gerichte einen klaren Änderungsbedarf bei Facebook sehen – sei es bei der technischen Bereitstellung des Dienstes, sei es bei der Formulierung der Nutzungsbedingungen – ist eine schnelle und eindeutige Reaktion von Facebook wünschenswert und schafft sicher auch mehr Vertrauen bei den Nutzern.**

Anwendbares Datenschutzrecht oft unklar

Datenschutzrechtliche Fragen können oft nicht gelöst werden, weil niemand weiß, wo innerhalb der sozialen Netzwerke mit Niederlassungen in den USA, in Irland und in Deutschland die Daten tatsächlich gespeichert werden und was tatsächlich mit den Daten passiert. Zudem kann dies durch das soziale Netzwerk theoretisch jederzeit kurzfristig geändert werden. Für das anzuwendende Datenschutzrecht ist es aber entscheidend zu wissen, wo welche Daten gespeichert werden. Hinzu kommt, dass die datenschutzrechtlichen Anforderungen in anderen Ländern (z.B. USA) sehr viel niedriger sein können als bei uns. **Die Frage ist, ob Facebook hier zukünftig mehr Klarheit schaffen wird.**

Spionieren die USA Facebook aus?

Werden die Daten aus sozialen Netzwerken/Facebook auch durch staatliche Macht genutzt? Was wenn die Staaten die Daten missbrauchen? Was, wenn die gesamte menschliche (Facebook-) Kommunikation von staatlichen Stellen aufgesaugt wird? Wie kann sich der Einzelne dagegen zur Wehr setzen? **Wird Facebook und werden damit all unsere Nutzerdaten von der NSA ausspioniert oder was tut Facebook, um das zu verhindern?**

Rechtlich zulässige Nutzung teilweise gar nicht möglich

Teilweise sind die Funktionen bei Facebook so ausgestaltet, dass eine den rechtlichen Anforderungen entsprechende Nutzung schlicht nicht möglich ist. Beispiel: Es gibt keine Möglichkeit, Facebook Social Plugins (wie z.B. den Like-Button) auf einer externen Webseite/Homepage so unterzubringen, dass dies den Anforderungen des deutschen Datenschutzrechts entspricht (vgl. Seite 187 ff.).

Grund: Das Plugin sammelt Nutzerdaten (wie die IP-Adresse) von Seitenbesuchern, ohne dass diese eingewilligt haben. Entweder nutze ich also überhaupt keine Social Plugins und verliere damit Aufmerksamkeit am Markt, oder ich nutze sie und nehme dabei bewusst in Kauf, dass dies rechtlich problematisch bzw. eigentlich in Deutschland unzulässig ist. **Wird diese Problematik geklärt werden, so dass eine – wünschenswerte – rechtlich eindeutig zulässige Nutzung der Plugins möglich ist?**

Index